에덴 동산에 대한 15가지 현실적인 질문

에덴 동산에서 무슨 일이 일어났을까?

What might happen in the garden of Eden?

조시온 지음

Edia

추천의 글

거룩한 상상력에서 나온 질문

어느덧 100년 전이지만, 어느 누구보다도 많이 회자되고 기억되는 분이 있습니다. 바로 오스왈드 챔버스 목사님이십니다. 당연히 우리는 그분의 남겨진 글들을 통해 목사님을 알 수 있습니다. 또 그의 이름으로 나온 모든 책은 목사님이 돌아가신 후(43세에), 목사님의 설교문이나 일기 혹은 쪽글들을 사모님과 제자들이 모아서 출간한 것들입니다.

이렇게 먼저 챔버스 목사님의 얘기를 하는 것은 그가 가장 많이 사용했던 단어가 바로 '거룩한 상상력'이었기 때문입니다. 그는 이 단어를 말 그대로 'holy imagination' 또는 'inspiration'(영감)이라고 했습니다. 그리고 그는 이것이 성령을 받은 모든 그리스도인들의 시작점이라고 하였습니다. 이 같은 강조는 베드로의 설교 때문이었습니다.

목사님은 베드로가 성령 받은 후의 첫 설교에서 인용한 첫 구절이 바로 요엘서의 "너희의 자녀들은 예언할 것이요 너희의 젊은이는 환상을 보고 너희의 늙은이들은 꿈을 꾸리라"(행 2:17 / 욜 2:28)였음을 말합니다. 즉, 성령으로 인한 공통점이 바로 '거룩한 상상력'이었음을 그리고 이것이 모든 그리스도인들을 '깊은 말씀 묵상에로' 인도한다는 것입니다.

저는 이번 조시온 집사님의 『에덴 동산에는 무슨 일이 있었을까?』의 출간을 축하하며 이 글을 쓰면서, 조 집사님이 이 '거룩한 상상력을 가진 사람'이라는 생각을 지울 수가 없습니다. 기억이 선합니다. 수줍은 표정으로 "목사님, 바쁘신 것 알지만, 그동안 쓴 글이 있는데 한번 봐주실 수 있나요?" 하던 모습을. 그리고 첫 원고를 보는 영광을 누렸습니다.

사실 이 책은 그저 눈으로 한 번 보는 식으로 읽으면 안 됩니다. 저자가 거룩한 상상력을 가지고 하나님과 또 스스로에게 질문을 던지면서 썼기에, 이 책을 보는 분들도 그러한 마음을 가지고 읽어야 할 것입니다. 그래서 흥미롭습니다. 서서히 재미가 나고 은혜가 됩니다. 저자의 질문 안으로 들어가면 에덴의 동산이 보이고 하나님이 보이기 시작합니다.

저는 처음 원고를 읽으면서 "이 분이 의사가 맞나?"라는 생각이 들었습니다. 보통 의사는 이런(?) 생각을 하지 않습니다. 다른 이에 비하면 좀 더 이성적이고 기능적이어야 합니다. 그런데 집사님을 보면서 이분이 평소에 어떻게 성경을 읽고 묵상해 왔는지를 알 수 있었습니다. 성경은 합리적이고 기계적이 아닌, 하나님의 감동으로 쓰였기 때문입니다.

이 책은 간증 이야기가 아닙니다. 또 신학적이거나 교리적인 책도 아닙니다. 이 책은 어떤 옳고 그름에 대한 서술이 아닌, 한 평범한 그리스도인의 '거룩한 상상력'에서 나온 질문들입니다. 그래서 저는 좋습니다. 부디 맞고 틀리고의 잣대를 내려놓으시고, 자유한 마음으로 저자와 함께 처음 하나님의 나라였던 에덴의 동산으로 시간 여행을 떠나 보십시오.

분명 생각지 못한 또 그동안 누리지 못했던 또 다른 은혜를 누리게 될 것입니다. 저 역시도 그동안 목사들의 신학책이나 설교집에 대한 추천서는 써본 경험들은 있지만, 이렇게 한 성도의 묵상 글에 대한 글은 처음입니다. 그러나 저는 제가 섬기는 교회의 교우가 그 바쁜 시간을 쪼개어 이러한 고백과 나눔을 한다는 것이 얼마나 큰 기쁨인지 모르겠습니다.

그래서 모든 분들께 권면드립니다. 하나님의 말씀인 성경을 읽으시면서, 하나님 나라에 대한 거룩한 상상력이 더욱 풍성해지시기를. 이러한 감동(inspiration)은 여러분을 하나님께로 더욱 가까이 이끌 것이며, 여러분들의 삶을 더욱 아름답고 풍요롭게 할 것입니다. 부디 조시온 집사님같이 '거룩한 상상력을 가진 분들'이 더욱 많아지시기를 기도드립니다.

2023년 6월 6일

강남중앙교회 장찬영 목사

프롤로그

창세기는 모세가 기록하였습니다. 모세는 이집트의 왕자로 자랐으니 자연히 최고의 교육을 받았을 것이며 당대의 지성인이라 하기에 부족함이 없었을 것입니다. 현대 지성인도 아직 모르는 것이 많습니다. 모세도 모르는 것이 있었을 것이고 당연히 그것이 궁금했을 것입니다.

세계의 시작에 관한 것도 그 중 하나일지 모릅니다. 하나님께서 모세에게 세계의 시작에 관한 내용을 알려 주셨을 때 모세는 얼마나 놀랍고 기뻤을까요. 한걸음 더 나아가, 모세가 창세기를 기록하면서 이런저런 내용을 하나님께 여쭤보면 하나님께서 모세에게만은 좀 더 상세히 알려주시는 모습도 상상해 봅니다. 예수님께서 다른 이들에게는 비유로 말씀하셨지만 제자들과 함께 있을 때에는 비유를 풀어 상세히 알려주셨던 것처럼 말입니다.

하나님께서는 모세에게 에덴 동산의 위치를 알려주셨습니다. 모세는 '아, 거기가 에덴 동산이었구나!' 하고 정확한 위치를 깨달았을 수 있습니다. 마치 주소를 알게 된 것같이 말입니다. 물론, 하나님께서 알려주신 대로 적기는 하였으나 모세도 자세한 위치까지는 알지 못했을 수도 있습니다. 안타깝게도 현재를 사는 우리는 에덴 동산의 위치를 잘 알지 못합니다.

이와는 반대로 과학적 지식이 쌓인 현재에서야 더 잘 알 수 있는 것도 있습니다. 빛이 있으라 하신 말씀을 예로 들어보고자 합니다. 모세에게 이 말씀은 어떻게 다가왔을지 모르겠으나 당시 과학 수준을 고려할 때 우리가 이해하는 정도는 아니었을 것으로 짐작합니다. 현대 과학자들은 지금까지 발견된 관측적 증거를 토대로 우주가 대폭발(빛)을 시작으로 팽창했다는 빅뱅이론을 제시하는데 이는 빛이 있으라고 말씀해 주신 내용과 너무나 똑같아 놀람을 금할 수 없습니다.

창세기 말씀 중에는 더 이상 상세한 것을 알려주시지 않아서 궁금증을 자아내는 것들이 있습니다. 한 가지만 예를 들어보겠습니다. 하나님께서는 에덴 동산 가운데에 생명 나무와 선악을 알게 하는 나무를 두셨습니다.

> 여호와 하나님이 그 땅에서 보기에 아름답고 먹기에 좋은 나무가 나게 하시니 동산 가운데에는 생명 나무와 선악을 알게 하는 나무도 있더라 (창 2:9)

두 나무는 서로 차이가 있었을까요? 차이가 있었다면 생김새가 어떻게 달랐고 열매는 어떻게 달랐을까요? 그리고 두 나무 중 어느 쪽이 생명 나무이고 선악을 알게 하는 나무인지를 아담은 처음에 어떻게 분별했을까요?

『에덴 동산에서 무슨 일이 있어났을까』라는 이 책을 통해 성경 말씀에만 근거를 두고 여러 가지 경우의 수를 따져 그에 따라 가능한 가설들을 치밀하게 발전시켜 보고자 합니다. 그리고 그 과정에서 새롭게 느낀 하나님의 모습을 나누고자 합니다. 하나님의 말씀은 한 점 한 획도 변함이 없습니다. 하지만 그 말씀을 매번 새롭게 깨닫게 하여 주시는 분도 바로 하나님이심을 고백하며 찬양과 영광을 올려드립니다.

2023년 6월

조시온

차례

01

아담이 **에덴 동산에 있던 기간**의 최대치와 최소치

아담이 에덴 동산에 있던 기간의 최대치를 추정해 보는 것으로 시작해 보고자 한다. 우선, 창세기에서 일어난 사건들의 순서를 정리해 보자.

하나님께서는 아담을 만드신 후에 에덴 동산을 만드시고 에덴 동산에 아담이 살도록 하셨다. (특별한 언급이 없다면 먼저 기록된 말씀이 시간적으로 먼저라는 가정 하에) 창세기 2장 7-8절을 보면 아담 창조가 에덴 동산의 창조보다 먼저임을 알 수 있다.

창 2:7

여호와 하나님이 땅의 흙으로 사람을 지으시고 생기를 그 코에 불어넣으시니 사람이 생령이 되니라

창 2:8

여호와 하나님이 동방의 에덴에 동산을 창설하시고 그 지으신 사람을 거기 두시니라

그렇다면 아담이 창조된 것 (당시, 아담 0세) → 에덴에 동산이 창설된 것 순이 된다.

아담이 에덴 동산에서 추방당한 때에 대해서는 기록이 없다. 가인과 아벨을 낳은 나이에 대한 기록도 없다. 하지만 셋을 낳은 나이는 기록되어 있는데, 아담이 130세 때이다.

창 5:3

아담은 백삼십 세에 자기의 모양 곧 자기의 형상과 같은 아들을 낳아 이름을 셋이라 하였고

그렇다면 아담이 창조된 것 (당시, 아담 0세) → 에덴에 동산이 창설된 것 → 셋을 낳은 것 (당시, 아담 130세) 순이 된다.

창세기 3장과 4장의 내용을 보면 아담이 에덴 동산에서 추방당한 이후에 가인을 얻는 구절이 뒤따르므로 아담이 에덴 동산에서 추방당한 후에 가인을 낳고 아벨을 낳고 셋을 낳았을 것이다.

창 3:24

이같이 하나님이 그 사람을 쫓아내시고 에덴 동산 동쪽에 그룹들과 두루 도는 불 칼을 두어 생명 나무의 길을 지키게 하시니라

창 4:1

아담이 그의 아내 하와와 동침하매 하와가 임신하여 가인을 낳고 이르되 내가 여호와로 말미암아 득남하였다 하니라

창 4:25

아담이 다시 자기 아내와 동침하매 그가 아들을 낳아 그의 이름을 셋이라 하였으니 이는 하나님이 내게 가인이 죽인 아벨 대신에 다른 씨를 주셨다 함이며

그렇다면 아담이 창조된 것 (당시, 아담 0세) → 에덴에 동산이 창설된 것 → 에덴 동산에서 추방됨 → 가인을 낳은 것 → 아벨을 낳은 것 → 셋을 낳은 것 (당시, 아담 130세) 순이 된다.

창세기 4장을 보면 아담은 가인이 아벨을 죽인 후에 셋을 낳은 것으로 짐작할 수 있다. 그리고 가인과 아벨은 세월이 지난 후에 하나님께 제물을 드렸다고 적혀 있다.

창 4:3

세월이 지난 후에 가인은 땅의 소산으로 제물을 삼아 여호와께 드렸고

창 4:4

아벨은 자기도 양의 첫 새끼와 그 기름으로 드렸더니 여호와께서 아벨과 그의 제물은 받으셨으나

가인이 제물을 드렸으며 동생까지 살해한 것을 고려하면 최소한 아동기는 지났을 것으로 추정하는 것이 합리적이다. 그렇다면 아담이 가인을 낳고 셋을 낳을 때까지의 기간을 최소한으로 생각할 때 어림잡아 10년~20년 정도를 생각할 수 있다. (알려진 최연소 살인범의 나이가 10세임을 고려하였다.)

아담이 에덴 동산에서 추방된 후 거의 바로 가인이 출생했을 가능성을 배제할 수는 없으므로 에덴 동산 추방에서 셋 출산까지의 최소 기간은 10년~20년 정도로 생각할 수 있다. 그렇다면 아담이 에덴 동산에 있었던 기간의 최대 가능치는 110년~120년 정도이다.

아담이 에덴 동산에 거한 기간의 최대 가능치 : 110년 ~ 120년

단, 아담이 창조된 것과 에덴 동산이 창설된 사이에 시간적인 간격이 어느 정도일지는 알 수 없다. 아담이 창조된 후 다른 장소에 (예. 천국이라든지 지상의 다른 장소) 상당 기간 있다가 에덴 동산이 창설된 후 그쪽으로 가게 되었을 가능성도 배제할 수는 없다. 게다가, 아담은 에덴 동산 가운데 있던 생명 나무의 열매를 먹을 수 있다는 것을 고려할 때, 에덴 동산에 있던 동안에는 나이를 먹지 않는 것은 아닌가 하는 가정도 할 수 있다.

창 2:9

여호와 하나님이 그 땅에서 보기에 아름답고 먹기에 좋은 나무가 나게 하시니 동산 가운데에는 생명 나무와 선악을 알게 하는 나무도 있더라

하지만 하루라는 시간 단위는 창조 첫날부터 적용되었기 때문에 생명 나무의 열매를 먹는 것은 노화가 진행되지 않는 것 (즉, 늙지 않는 것) 뿐이지 나이를 먹지 않는 것은 아니라는 반론도 제기할 수 있고, 이것이 더 타당해 보인다.

창 1:5

하나님이 빛을 낮이라 부르시고 어둠을 밤이라 부르시니라 저녁이 되고 아침이 되니 이는 첫째 날이니라

이제 아담이 에덴 동산에 있던 기간의 최소치를 추정해 보자. 우선, 아담이 에덴 동산에서 하와를 만나기 전에 한 일들을 찾아본다.

아담은 에덴 동산을 경작하라는 하나님의 말씀을 들었다.

창 2:15

여호와 하나님이 그 사람을 이끌어 에덴 동산에 두어 그것을 경작하며 지키게 하시고

→ **아담이 하와를 만나기 전에 한일 :** 하나님의 말씀을 들음

아담은 각종 동물들에게 이름을 주었다.

창 2:19

여호와 하나님이 흙으로 각종 들짐승과 공중의 각종 새를 지으시고 아담이 무엇이라고 부르나 보시려고 그것들을 그에게로 이끌어 가시니 아담이 각 생물을 부르는 것이 곧 그 이름이 되었더라

창 2:20

아담이 모든 가축과 공중의 새와 들의 모든 짐승에게 이름을 주니라 아담이 돕는 배필이 없으므로

→ **아담이 하와를 만나기 전에 한 일 :** 하나님의 말씀을 들음, 각종 동물에게 이름을 지음

아담은 하나님에 의해 잠이 들었다.

창 2:21

여호와 하나님이 아담을 깊이 잠들게 하시니 잠들매 그가 그 갈빗대 하나를 취하고 살로 대신 채우시고

→ **아담이 하와를 만나기 전에 한 일 :** 하나님의 말씀을 들음, 각종 동물에게 이름을 지음, 잠이 들음

직접적으로 언급되어 있지는 않으나 동산 각종 나무의 열매를 먹었을 가능성이 있다.

창 2:16

여호와 하나님이 그 사람에게 명하여 이르시되 동산 각종 나무의 열매는 네가 임의로 먹되

→ **아담이 하와를 만나기 전에 한 일 :** 하나님의 말씀을 들음, 각종 동물에게 이름을 지음, 잠이 들음, 열매를 먹음

경작하며 지키는 것이 일정 기간 이상이어야 한다는 내용이나 특정 기간을 추정할 수 있는 조건은 언급되어 있지 않다. 또한 아담이 깊이는 잠들었으나 길게 잠들었다는 기록도 없다. 경작하고 지키는 것과 깊이 잠든 것은 최소한의 시간만으로도 가능할 수 있으며 지금은 최솟값을 추정하는 것을 고려하여 극단적으로 생각하면 하루 안에도 가능해 보인다.

각종 동물들에게 이름을 준 시간만큼은 상당했을 것이라는 주장이 있을 수 있다. 하지만 꼭 그런 것은 아니다. 현재 과학계에서는 린네에 의한 '종속과목강문계역' 분류체계를 따르고 있으며 동물계 아래에 '종속과목강문'으로 분류를 나누고 있다. 동물계 아래에는 31개의 문, 107개의 강 분류가 있다. 107개의 강 분류를 이름처럼 부른다고 한다면 시간이 얼마 걸리지는 않을 것이다.

이런 식으로, 아담이 모든 종의 이름을 처음부터 끝까지 부르는 것이 아니라 아담 나름대로의 간결한 분류를 가지고 명명했다면

시간은 많이 단축되었을 수 있다.

그렇다면, 아담이 에덴 동산에서 하와를 만나기 전에 한 일들은 하루 정도의 시간으로도 충분할 수 있다.

하나님께서는 아담이 혼자 사는 것이 좋지 않다고 생각하셨다. 즉, 혼자 있는 시간이 있었다.

창 2:18

여호와 하나님이 이르시되 사람이 혼자 사는 것이 좋지 아니하니 내가 그를 위하여 돕는 배필을 지으리라 하시니라

→ **아담이 하와를 만나기 전에 한 일 :** 하나님의 말씀을 들음, 각종 동물에게 이름을 지음, 잠이 들음, 열매를 먹음, 혼자 있음

하지만 이 구절만으로 아담이 하와를 얻기 전 몇 개월이나 몇 년, 또는 그 이상을 지냈을 것이라고 확신하기는 어렵다. 하나님께서는 창조 여섯째 날에 이미 남자와 여자를 창조하셨기 때문에 아담이 혼자 산 기간이 길든지 짧든지 관계없이 아담이 혼자 사는 것 자체가 좋지 않다고 하신 것일 수 있다.

창 1:27

하나님이 자기 형상 곧 하나님의 형상대로 사람을 창조하시되 남자와 여자를 창조하시고

창 1:31

하나님이 지으신 그 모든 것을 보시니 보시기에 심히 좋았더라
저녁이 되고 아침이 되니 이는 여섯째 날이니라

더욱이, 창세기 1장 27절의 남자와 여자를 아담과 하와라 생각한다면 아담과 하와는 같은 날 창조된 것으로 볼 수 있다.

이상을 정리하면, 아담은 하나님의 말씀을 듣고, 각종 동물에게 이름을 주고, 잠이 들었고, 열매를 먹었을 수 있고, 혼자 있었다는 것인데 여기서는 최소한을 구하려는 것이므로 극단적으로 줄이자면 하루 안이라도 이 모든 것이 일어날 수 있다. 즉, 아담이 하와를 만났을 때까지의 최소 추정치는 하루 미만이라고 할 수 있다.

그 다음은 아담과 하와가 선악을 알게 하는 나무의 열매를 따먹고 추방될 때까지의 기간이다. 역시 최소한의 기간을 찾고 있으므로 하와가 창조되던 그 날에 뱀이 하와를 유혹하고 하와가 선악을 알게 하는 나무의 열매를 따먹었을 가능성을 배제하지 못한다. 그런데 창세기 1장 27절의 남자와 여자를 아담과 하와라 생각하면 문제가 생긴다.

창 1:27

하나님이 자기 형상 곧 하나님의 형상대로 사람을 창조하시되
남자와 여자를 창조하시고

창 1:31

하나님이 지으신 그 모든 것을 보시니 보시기에 심히 좋았더라
저녁이 되고 아침이 되니 이는 여섯째 날이니라

하나님께서 천지창조 사역을 마치시고 7일째 온전히 쉬셨으므로 창조 사역 중인 6일째에 에덴 동산에서 죄악이 발생했다고 생각하는 것은 매우 어렵다는 것이다.

창 2:2

하나님이 그가 하시던 일을 일곱째 날에 마치시니 그가 하시던
모든 일을 그치고 일곱째 날에 안식하시니라

창 2:3

하나님이 그 일곱째 날을 복되게 하사 거룩하게 하셨으니 이는
하나님이 그 창조하시며 만드시던 모든 일을 마치시고 그 날에
안식하셨음이니라

그렇다면 아담과 하와는 창조 여섯째 날과 일곱째 날과 그 다음 날을 포함하여 최소한 삼일은 (만 이틀 이상)은 에덴 동산에 거한 것이 된다. 하지만 만약, 창세기 1장 27절의 남자와 여자가 아담과 하와가 아니라고 한다면 위와 같은 문제를 생각할 필요가 없으므로 최소 하루 이내도 가능하다.

하나님께서는 아담과 하와가 선악을 알게 하는 나무의 열매를 따먹은 날 바람이 불 때에 나타나셨고 이후 아담과 하와를 에덴 동

산에서 추방하셨다.

창 3:8
그들이 그 날 바람이 불 때 동산에 거니시는 여호와 하나님의 소리를 듣고 아담과 그의 아내가 여호와 하나님의 낯을 피하여 동산 나무 사이에 숨은지라

창 3:23
여호와 하나님이 에덴 동산에서 그를 내보내어 그의 근원이 된 땅을 갈게 하시니라

아담이 하와를 얻고 당일 바로 유혹을 받아 선악을 알게 하는 나무의 열매를 따먹고 그 날 바람이 불 때에 하나님께서 나타나신 후 추방당했을 가능성을 배제하지 못하므로 최소한의 기간은 하루라 할 수 있다.

전술한 부분에서 아담이 창조된 후 하와를 만날 때까지의 기간을 더하여도 극한으로 최소 시간을 산정하면 하루 이내라고 할 수도 있다. 게다가 아담과 하와가 선악을 알게 하는 나무 열매를 먹은 이후, 하나님과 아담의 대화를 보면 흥미로운 부분이 보인다.

창 3:12
아담이 이르되 하나님이 주셔서 나와 함께 있게 하신 여자 그가 그 나무 열매를 내게 주므로 내가 먹었나이다

아담은 하나님이 주셔서 나와 함께 있게 하신 여자라고 한다. 물론, 하와라는 이름 대신에 그런 표현을 했을 수도 있다. 그런데 혹시 그 여자의 이름을 지어주지 못할 정도로 같이 있던 시간이 짧았던 것은 아닐까? 그렇다면 하와가 창조된 후 선악을 알게 하는 나무의 열매를 따먹기까지의 기간은 매우 짧았을 수도 있다. 그래서 아담은 아직 이름도 붙여주지 못했을 가능성도 있어 보인다.

→ 아담이 하와를 만난 후 추방될 때까지의 기간 :
최소 하루 또는 삼일

아담이 하와를 만나기 전 한 일들에 걸리는 기간과 아담이 하와를 만난 후 추방될 때까지의 기간을 더한다면 최소 하루 (또는 삼일) 이내라 할 수 있다.

아담이 에덴 동산에 거한 기간의 최소 가능치

창세기 1장 27절의 남자와 여자가 아담과 하와가 아닌 경우 :
최소 하루 이내

창세기 1장 27절의 남자와 여자가 아담과 하와인 경우 :
최소 삼일

결론적으로, 아담이 에덴 동산에 거할 수 있는 기간은 하루(또는 삼일)에서 110~120년 정도로 추정할 수 있다.

한 가지 부가적으로 상상해 볼만한 점이 있는데 아담이 가인을 낳은 나이에 대한 것이다. 아담이 가인을 낳은 정확한 나이는 성경에 기록되어 있지 않다. 다만 셋을 낳은 나이는 130세로 기록되어 있어 가인을 낳은 나이는 130세 이전임을 짐작할 수 있다.

창 5:3

아담은 백삼십 세에 자기의 모양 곧 자기의 형상과 같은 아들을 낳아 이름을 셋이라 하였고

그렇다면 아담이 가인을 낳은 나이가 100세일 가능성도 배제할 수는 없다. 그런데 100세에 아이를 낳았다고 한다면 흔히 믿음의 조상이라 일컬어지는 아브라함이 떠오른다.

창 21:5

아브라함이 그의 아들 이삭이 그에게 태어날 때에 백 세라

아담과 아브라함이 숫자적으로 같은 나이에 첫 아이를 얻었을 가능성이 있다는 것이 참으로 흥미롭다. 이런 숫자적인 일치성을 근거로 하여 좀 더 비약해 보면 아담과 하와의 나이 차이가 아브라함과 사라의 나이 차이와 같을 수도 있지 않을까 하는 생각이 든다. 그렇다면 아브라함과 사라의 나이 차이가 열 살이니 아담과 하와의 나이 차이는 열 살이라고 상상해 볼 수도 있다.

창 17:17

아브라함이 엎드려 웃으며 마음속으로 이르되 백 세 된 사람이
어찌 자식을 낳을까 사라는 구십 세니 어찌 출산하리요 하고

아담과 아브라함 사이에 이런 일치성이 존재할 가능성이 있다는 것이 신기할 따름이다.

02

아담은 **성인의 모습**으로 지음 받았는가, **아이의 모습**으로 지음 받았는가

아담이 에덴 동산에 거할 수 있는 기간은 하루(또는 삼일)에서 110~120년 정도로 추정된다. 그렇다면 아담은 창조되었을 때 어떤 모습이었을까? 창세기 2장에서는 하나님께서 흙으로 사람을 지으셨다고만 기록되어 있으나 창세기 1장에서는 사람이 하나님의 형상을 닮은 것임을 명확히 하셨다.

창 2:7

여호와 하나님이 땅의 흙으로 사람을 지으시고 생기를 그 코에 불어넣으시니 사람이 생령이 되니라

창 1:26

하나님이 이르시되 우리의 형상을 따라 우리의 모양대로 우리가 사람을 만들고 그들로 바다의 물고기와 하늘의 새와 가축과 온 땅과 땅에 기는 모든 것을 다스리게 하자 하시고

창 1:27

하나님이 자기 형상 곧 하나님의 형상대로 사람을 창조하시되
남자와 여자를 창조하시고

이 구절은 아담이 이미 성장한 상태, 즉 성인의 모습으로 지음 받았을 것이라는 추측을 하게 한다. 그런데 아담이 셋을 낳을 때의 기록을 보면 셋이 자기의 모양 곧 자기의 형상과 같은 아들이라 기록되어 있다.

창 5:3

아담은 백삼십 세에 자기의 모양 곧 자기의 형상과 같은 아들을
낳아 이름을 셋이라 하였고

장성하여 아이를 낳은, 즉 이미 성인인 아담과 방금 태어난 아이의 모습이 같다고 표현한 것이다. 성인과 아이는 닮았으니 같다고 표현하는 것이 당연할 수도 있다. 그런데 혹시 아담이 아이의 모습으로 지음 받았을 가능성도 있지 않을까? 아담이 성인의 모습으로 지음 받았을 것이라는 생각은 선입견일 수도 있다. 아담도 어린 아이, 더 나아가 아기의 모습으로 지음 받았을 가능성도 있어 보인다.

부모가 어린 아이를 품에 안아 키우는 것은 매우 자연스러운 모습이다. 따라서 아담이 아기의 모습으로 지음 받았을 수도 있다는 생각은 아기인 아담을 품에 안아 키우는 하나님의 인자하신 모습

을 상상하게 한다. 흔히들 육아라 하면 생각나는 모습이다. 게다가, 아기 아담은 예수님께서 아기의 모습으로 이 땅에 오신 것에 대응되는 모습일 수도 있겠다는 생각이 든다.

또한 하나님께서는 인간을 멀리서 지켜보시는 분이 아니시라는 증거가 될 수 있다. 예수님께서는 이 땅에서 사시는 동안 온갖 질고를 지시며 인간의 연약함을 몸소 체험하셨다. 그런데 예수님께서는 결혼도 하시지 않으시고 아이를 키우시지도 않으셨기 때문에 육아를 직접적으로 하시지는 않으셨다고 생각할 수 있다. 자신들의 아이를 키워본 부모라면 아이를 키우는 것이 매우 힘든 과정이라는 것에 모두 동의할 것이다. 만약 아담이 성인이 아닌 아기의 모습으로 지음을 받았다고 한다면 아기인 아담을 돌봐주어야 할 존재가 있어야 할 것이다. 그 존재가 바로 하나님이셨을 수도 있다. 하나님께서 아기 아담을 직접 육아하셨을 수도 있다는 가능성을 생각하니 매우 놀라울 뿐이다. 물론 아담이 아기로 태어났다고 하더라도 하나님께서는 육아에 관한 전부 또는 일부를 천사에게 시키셨을 수도 있다.

주위로부터 여자아이보다는 남자아이를 키우는 것이 힘들다는 이야기를 듣는데, 하나님께서 남자아이 육아를 직접 담당하셨을지도 모른다는 점도 흥미롭다. 하나님께서는 정말로 인간되심을 철저하게 경험하신 것이 아니었을까.

그렇게 보니 결혼에 대한 첫 말씀도 색다르게 다가온다.

창 2:24

이러므로 남자가 부모를 떠나 그의 아내와 합하여 둘이 한 몸을 이룰 지로다

요즘에도 부모가 자녀를 결혼 시킬 때 떠나보낸다는 말을 많이들 사용한다. 물리적으로 먼 곳으로 떠나보내는 경우도 있겠지만 대부분은 얼마나 멀리 떠나지도 않는데 말이다. 이는, 부모들이 말로는 형용할 수 없는 상실감을 느끼기 때문일 것이다. 하나님께서 아담의 육아를 맡으셨다면 영적일 뿐만 아니라 현실적으로도 아담의 아버지는 하나님이시라고 할 수 있을 것이다. 아담에게 하와를 지어 주신 후에 아들을 떠나보내는 감정을 이 구절을 통해 토로하신 것이 아닌가 하는 생각을 해본다.

그렇다면 장성한 아담의 신체 조건은 어떠했을까? 키나 몸무게 등은 성경에 나와 있지 않아 알 수 없다. 현시대의 인류보다 키가 작았을 수도 아니면 터무니없이 컸을 수도 있다.(흔히 회자되는 거인족의 키보다 컸을 수도 있다. 골리앗은 3m 정도였다고 한다.) 하나님께서 에덴 동산을 경작하고 지키라고 하신 인물이니 신체적 조건이 월등했을 가능성이 커 보인다.

03

아담과 하와는 **맨 처음 사람**인가

앞에서 아담이 아이의 모습으로 지음 받았을 가능성에 대해서 생각해 보았다. 다만 이럴 경우에 아담이 상당히 자란 후에 하와를 지어 주신 것이 된다. 상당히라는 표현을 쓰는 것이 애매한데 요즘의 유치원기, 학동기 및 청소년기, 심지어 장년기까지 모두 가능하다. 아담이 상당히 자란 후에 (즉, 하루 이상이 아닌 몇 년 이상, 또는 100년 정도 이상일지라도) 하와를 지어주신 것은 아닌가 하는 생각은 다른 문제를 불러온다. 창조 여섯째 날에 창조된 여자는 하와가 아닐 수도 있다는 것이다. 창조 여섯째 날 하나님께서 행하신 일은 다음과 같다.

창 1:24
하나님이 이르시되 땅은 생물을 그 종류대로 내되 가축과 기는 것과 땅의 짐승을 종류대로 내라 하시니 그대로 되니라

창 1:25

하나님이 땅의 짐승을 그 종류대로, 가축을 그 종류대로, 땅에 기는 모든 것을 그 종류대로 만드시니 하나님이 보시기에 좋았더라

창 1:26

하나님이 이르시되 우리의 형상을 따라 우리의 모양대로 우리가 사람을 만들고 그들로 바다의 물고기와 하늘의 새와 가축과 온 땅과 땅에 기는 모든 것을 다스리게 하자 하시고

창 1:27

하나님이 자기 형상 곧 하나님의 형상대로 사람을 창조하시되 남자와 여자를 창조하시고

창 1:28

하나님이 그들에게 복을 주시며 하나님이 그들에게 이르시되 생육하고 번성하여 땅에 충만 하라, 땅을 정복하라, 바다의 물고기와 하늘의 새와 땅에 움직이는 모든 생물을 다스리라 하시니라

창 1:29

하나님이 이르시되 내가 온 지면의 씨 맺는 모든 채소와 씨 가진 열매 맺는 모든 나무를 너희에게 주노니 너희의 먹을거리가 되리라

창 1:30

또 땅의 모든 짐승과 하늘의 모든 새와 생명이 있어 땅에 기는 모든 것에게는 내가 모든 푸른 풀을 먹을거리로 주노라 하시니 그대로 되니라

창 1:31

하나님이 지으신 그 모든 것을 보시니 보시기에 심히 좋았더라 저녁이 되고 아침이 되니 이는 여섯째 날이니라

창세기 2장에서 아담을 지으시는 구절은 다음과 같다.

창 2:7
여호와 하나님이 흙으로 사람을 지으시고 생기를 그 코에 불어 넣으시니 사람이 생령이 된지라

창세기 2장에서 하와를 지으시는 구절은 다음과 같다.

창 2:21
여호와 하나님이 아담을 깊이 잠들게 하시니 잠들매 그가 그 갈빗대 하나를 취하고 살로 대신 채우시고

창 2:22
여호와 하나님이 아담에게서 취하신 그 갈빗대로 여자를 만드시고 그를 아담에게로 이끌어 오시니

이제 앞선 질문은 창세기 1장의 남자와 여자 창조, 그리고 창세기 2장의 아담과 하와 창조가 구별되는 사역인가 아니면 구별되지 않는 하나의 사역인가를 논하는 것과 같은 질문이 된다. (창세기 5장에도 남자와 여자의 창조에 관한 내용이 있으며 창세기 1장의 내용과 거의 같다.)

창 5:1
이것은 아담의 계보를 적은 책이니라 하나님이 사람을 창조하실 때에 하나님의 모양대로 지으시되

창 5:2

남자와 여자를 창조하셨고 그들이 창조되던 날에 하나님이 그들에게 복을 주시고 그들의 이름을 사람이라 일컬으셨더라

우선적으로, 경우의 수를 간단히 정리하면 다음과 같다. 아담과 하와의 순서는 시간적으로 전후가 명확하기 때문에 아래와 같이 3가지 경우가 생긴다.

1. 창세기 1장의 남자와 여자는 아담과 하와이다.
2. 창세기 1장의 남자와 여자는 아담과 하와가 아니며 아담과 하와는 이후 창세기 2장에서 창조된다. 즉 아담과 하와 이전에 창조된 다른 남자와 여자가 있었다.
3. 창세기 1장의 남자는 아담이며 아담은 첫 남자이다. 하지만 창세기 1장의 여자는 하와가 아니며 하와는 이후 창세기 2장에서 창조된다.

하나님의 창조 사역에서 힌트라 할 만한 것이 보인다. 하나님께서는 동물을 창조하실 때 각 종류대로 만드셨다.

창 1:24

하나님이 이르시되 땅은 생물을 그 종류대로 내되 가축과 기는 것과 땅의 짐승을 종류대로 내라 하시니 그대로 되니라

창 1:25

하나님이 땅의 짐승을 그 종류대로, 가축을 그 종류대로, 땅에 기는 모든 것을 그 종류대로 만드시니 하나님이 보시기에 좋았더라

과연 각 종류대로 한 쌍씩만 만드셨을까? 한 쌍씩을 많이 또는 무수히 만드시지는 않으셨을까? 식물의 경우를 생각해보자.

창 1:11

하나님이 이르시되 땅은 풀과 씨 맺는 채소와 각기 종류대로 씨 가진 열매 맺는 나무를 내라 하시니 그대로 되어

창 1:12

땅이 풀과 각기 종류대로 씨 맺는 채소와 각기 종류대로 씨 가진 열매 맺는 나무를 내니 하나님이 보시기에 좋았더라

익히 알다시피, 식물도 암수 쌍이 있는 것들이 많다. 하나님께서 식물을 만드셨을 때에도 한 쌍씩만 만드셨을까? 그렇다기보다는 온 지구를 풍요롭게 덮을 정도로 식물을 만드시지 않으셨을까? 동물의 경우도 마찬가지로 풍요할 정도로 많은 숫자를 한꺼번에 창조하셨을 가능성이 높다. 즉, 동물들도 종류대로 암수 한 쌍만 만드셨다기 보다는 수없이 많은 암수 쌍을 만드셨음을 짐작할 수 있다.

그렇다면 창세기 1장의 남자와 여자도 수없이 많은 남녀 쌍일 수도 있겠다는 생각이 든다. 이제 하나 더 많은 경우의 수가 생긴다.

1. 창세기 1장의 남자와 여자는 아담과 하와이며 창조 여섯째 날 에는 아담과 하와만 창조되었다.
2. 창세기 1장의 남자와 여자는 아담과 하와이며 많은 남녀 쌍들도 같이 창조되었다.

3. 창세기 1장의 남자와 여자는 아담과 하와가 아니며 다른 많은 남녀 쌍들이 창조된 것을 기록한 것이다. 아담과 하와는 이후 창세기 2장에서 창조된다.

4. 창세기 1장의 남자는 아담이며 아담은 첫 남자이다. 하지만 창세기 1장의 여자는 하와가 아니다. 창세기 1장에서 아담과 같이 다른 많은 남녀 쌍들도 같이 창조되었다. 하와는 창세기 2장에서 창조된다.

그런데 창세기 2장을 보면 하나님께서는 아담을 만드실 때 말씀으로만 창조하시던 창세기 1장과는 달리 특별한 과정을 통하시는 것을 볼 수 있다.

창 2:7
여호와 하나님이 땅의 흙으로 사람을 지으시고 생기를 그 코에 불어넣으시니 사람이 생령이 되니라

물론 말씀을 통해 창조된 것과 땅의 흙으로 사람을 지으시고 생기를 그 코에 불어넣으시는 것이 다른 과정인가, 아니면 같은 과정을 다르게 표현한 것인가 하는 질문은 재고해볼 여지가 있다. 이런 경우는 논외로 하고, 창조 과정의 다름까지 고려하면 하나 더 많은 경우의 수가 생긴다.

1. 창세기 1장의 남자와 여자는 아담과 하와이며 창조 여섯째 날에는 아담과 하와만 창조되었고 이 사역은 창세기 2장에 나와 있는 특별한 과정을 통한 것이다.

2. 창세기 1장의 남자와 여자는 아담과 하와이며 많은 남녀 쌍들도 같이 창조되었고 모두 창세기 2장에 나와 있는 아담과 같은 특별한 과정을 통한 것이다.

3. 창세기 1장의 남자와 여자는 아담과 하와이며 이 둘은 창세기 2장에 나와 있는 특별한 과정을 통하여 창조되었고 이 와는 별도로 다른 많은 남녀 쌍들은 말씀을 통해 창조되었다.

4. 창세기 1장의 남자와 여자는 아담과 하와가 아니며 다른 많은 남녀 쌍들이 말씀을 통해 창조되었다. 아담과 하와는 이후 창세기 2장에서 특별한 과정을 통해 창조되었다.

5. 창세기 1장의 남자는 아담이며 아담은 첫 남자이고 창세기 2장에 나와 있는 특별한 과정을 통해 창조되었다. 하지만 창세기 1장의 여자는 하와가 아니다. 창세기 1장에서 아담과 같이 다른 남녀 쌍들이 말씀을 통해 같이 창조되었다. 하와는 창세기 2장에서 창조된다.

그런데 하와라는 이름의 뜻이 나와 있는 말씀을 보면 하와는 모든 산 자의 어머니라는 뜻이다.

창 3:20

아담이 그의 아내의 이름을 하와라 불렀으니 그는 모든 산 자의 어머니가 됨이더라

그렇다면 앞서 서술한 2에서 5까지의 경우가 부정될 수 있다. 하지만 '모든 산 자의 어머니' 를 어떻게 해석하느냐에 따라 2에

서 5까지의 경우의 수가 가능할 수도 있다.

1. '모든 산 자'는 단어 뜻 그대로 인간 전체를 뜻한다. 그렇다면 2에서 5까지 경우의 수의 가능성은 부정된다.
2. '모든 산 자'에서 '산' 이라는 뜻은 하나님의 영이 들어 있는 이라는 뜻으로 '모든 산 자' 는 하나님의 영이 있는 인간을 뜻한다. 그렇다면 2에서 5까지 경우의 수는 가능할 수도 있다.

아담이 창조된 구절에 단서가 있어 보인다.

창 2:7

여호와 하나님이 땅의 흙으로 사람을 지으시고 생기를 그 코에 불어넣으시니 사람이 생령이 되니라

하나님께서는 땅의 흙으로 사람을 지으셨다. 그리고 생기를 코에 불어넣으시니 사람이 생령이 되었다. 즉, 사람과 생령이 된 사람을 구별하여 기록하였다. 그렇다면 모든 산 자의 어머니는 모든 사람의 어머니일 수도 있겠지만 생령이 된 모든 사람의 어머니라고 해석할 여지도 있다.

게다가, 조금 다른 접근 방법도 고려할 수 있다. 과연 사람이라는 것은 얼마나 동일한 것인지에 대해서 말이다.

개를 예로 들어 보자. 개는 한 종류가 아니며 약 400여 품종이 있다고 한다. 진돗개나 치와와, 푸들 등은 모두 개이지만 동일하지는 않은 것이다. 그렇다면 사람은 얼마나 많은 종류가 있을까? 현재 우리는 호모 사피엔스(현세 인류)를 제외한 사람속의 다른 종들

이 멸종한 시대를 살고 있기 때문에 사람이라고 하면 모두 같은 호모 사피엔스를 뜻하는 것으로 생각하는 것일지도 모른다.

현대 고고학에서는 사람 종에 호모 사피엔스 외에도 다른 종들이 있었다고 한다. 오스트랄로피테쿠스나, 호모 에렉투스, 호모 에르가스테르, 호모 헤이델베르겐시스, 호모 네안데르탈렌시스 등 고대 인류들이 바로 그들이다. 이들이 창세기 1장 27절에 기록된 남자와 여자일 가능성은 없을까?

> **창 1:27**
> 하나님이 자기 형상 곧 하나님의 형상대로 사람을 창조하시되
> 남자와 여자를 창조하시고

그렇다면 호모 사피엔스를 제외한 고대 인류들이 갑자기 사라진 것에 대해서도 성경적인 설명이 가능하다. 노아의 홍수 때 노아와 가족을 제외한 인류는 모두 죽었을 텐데 그 중에는 창조 여섯째 날 아담과 같이 창조되었거나, 아니면 아담보다 먼저 창조된 고대 인류들이 노아의 홍수 때 멸종되었다고 생각할 수도 있다. 물론 그 전에 종들 간의 다툼으로 인해 멸종되었을 수도 있다.

4번의 가설을 채택할 경우 창세기 1장과 2장의 시간 거리는 상당해 질 수 있다. 우선 창세기 2장 4절에서 8절의 내용을 보자. 4번의 가설은 창세기 2장 6절과 7절 사이에 상당한 시간 간극을 둠으로써 해결할 수 있다.

창 2:4

이것이 천지가 창조될 때에 하늘과 땅의 내력이니 여호와 하나님이 땅과 하늘을 만드시던 날에

창 2:5

여호와 하나님이 땅에 비를 내리지 아니하셨고 땅을 갈 사람도 없었으므로 들에는 초목이 아직 없었고 밭에는 채소가 나지 아니하였으며

창 2:6

안개만 땅에서 올라와 온 지면을 적셨더라

창 2:7

여호와 하나님이 땅의 흙으로 사람을 지으시고 생기를 그 코에 불어넣으시니 사람이 생령이 되니라

창 2:8

여호와 하나님이 동방의 에덴에 동산을 창설하시고 그 지으신 사람을 거기 두시니라

창세기 2장 4절은 '하나님이 땅과 하늘을 만드시던 날에'로 끝나고 5절은 4절과 이어지는 내용이며 6절의 '안개만 땅에서 올라와 온 지면을 적셨더라'로 끝난다. 즉, '하나님이 땅과 하늘을 만드시던 날에 (중략) 안개만 땅에서 올라와 온 지면을 적셨더라'이다.

7절은 하나님께서 사람을 만드시는 내용이 나오는데 6절에 이어 나오는 까닭에 하나님께서 땅과 하늘을 만드시던 날에 사람을 지으시는 것처럼 보일 수 있으나 반드시 그렇게 해석해야 할 이유는

없다. 오히려 하나님이 땅과 하늘을 만드시던 날은 창조주간 둘째 날과 셋째 날이다.

> **창 1:8**
> 하나님이 궁창을 하늘이라 부르시니라 저녁이 되고 아침이 되니 이는 둘째 날이니라
>
> **창 1:10**
> 하나님이 뭍을 땅이라 부르시고 모인 물을 바다라 부르시니 하나님이 보시기에 좋았더라
>
> **창 1:13**
> 저녁이 되고 아침이 되니 이는 셋째 날이니라

6절과 7절 사이에 상당한 시간이 흘렀다고 생각하는 것은 어떨까? 그렇다면 4번의 가설은 무리 없이 채택될 수 있다. 게다가 현대 고고학이 추정하는 고대 인류의 연대에 맞게 시간 간극을 넣을 수 있다. 학자들은 오스트랄로피테쿠스가 500만 년 전에서 50만 년 전에 아프리카 대륙에서 서식했다고 한다. 4번의 가설을 채택한다면 창조 6일과 아담의 창조 간에는 500만년 정도의 간격이 있다고 생각할 수 있다. 식물의 창조와 동물의 창조는 이삼일 밖에 차이가 나지 않는 점을 고려하면 다음과 같이 생각할 수도 있다. 지구상 가장 오래된 식물 화석은 스페인 중부와 피레네 산맥지역에서 발견된 1억3천만 년 전의 꽃식물 화석이라고 한다. 그렇다면 창조 주

간과 아담의 창조 간에 1억 3천만년 정도의 간격이 있을 수 있다고 생각할 수 있다(아담은 현재부터 약 6000년 전의 사람이기 때문에 6000년을 빼고 계산하는 것은 큰 의미가 없다). 즉, 현대 고고학과 상충되지 않으면서 성경에 기반한 가설을 세울 수 있다. (물론, 고고학과 성경의 내용이 상충한다면 성경의 내용이 사실이다.)

그렇다면 요컨대 지구(더 나아간다면 우주)의 역사는 (현대 고고학자들에게는 우스운 얘기처럼 들릴 수도 있지만) 가장 오래된 식물 화석의 추정 년도 수 + 2일, 또는 가장 오래된 물고기(또는 물에 사는 생물)나 새의 화석의 추정 년도 수 + 4일, 또는 땅에 사는 동물 화석의 추정 년도 수 + 5일이라 할 수 있다. (해당 화석을 실제로 발견할 수 있는 가에 대한 문제는 논하지 않는다.)

창 1:11

하나님이 가라사대 땅은 풀과 씨 맺는 채소와 각기 종류대로 씨 가진 열매 맺는 과목을 내라 하시매 그대로 되어

창 1:13

저녁이 되며 아침이 되니 이는 세째 날이니라

창 1:21

하나님이 큰 물고기와 물에서 번성하여 움직이는 모든 생물을 그 종류대로, 날개 있는 모든 새를 그 종류대로 창조하시니 하나님의 보시기에 좋았더라

창 1:23

저녁이 되며 아침이 되니 이는 다섯째 날이니라

창 1:25

하나님이 땅의 짐승을 그 종류대로, 육축을 그 종류대로, 땅에 기는 모든 것을 그 종류대로 만드시니 하나님의 보시기에 좋았더라

창 1:31

하나님이 그 지으신 모든 것을 보시니 보시기에 심히 좋았더라 저녁이 되며 아침이 되니 이는 여섯째 날이니라

이야기가 나온 김에 현대 우주론에 대한 생각도 해보자. 현대 우주론은 우주가 빅뱅 이후 극초기 우주, 초기 우주, 암흑 시대, 거대구조의 출현, 오늘날 나타나는 우주로 하여 다섯 부분을 가지는 우주연대기를 일반적으로 상정한다. 이 중 암흑시대는 빅뱅 시작으로부터 37만 년에서 약 10억년 까지를 가리키는데 첫 번째 별이 탄생하기 이전으로 우주에 새로운 광원은 없던 시기이다. 이는 하나님의 창조 사역에 나오는 어둠을 연상케한다.

창 1:1

태초에 하나님이 천지를 창조하시니라

창 1:2

땅이 혼돈하고 공허하며 흑암이 깊음 위에 있고 하나님의 영은 수면 위에 운행하시니라

창 1:3

하나님이 이르시되 빛이 있으라 하시니 빛이 있었고

창 1:4

빛이 하나님이 보시기에 좋았더라 하나님이 빛과 어둠을 나누사

창 1:5

하나님이 빛을 낮이라 부르시고 어둠을 밤이라 부르시니라 저녁이 되고 아침이 되니 이는 첫째 날이니라

예컨대 (현대 우주학자들에게는 우스운 얘기처럼 들릴 수도 있지만) 빅뱅–극초기 우주–초기 우주를 첫째날의 낮 시간으로, 암흑시대를 첫째날의 밤 시간으로 생각해 볼 수도 있지 않을까?

물론 위의 생각은 시간의 매칭에 관한 큰 문제를 가지고 있다. 현대 우주론에서는 우주배경복사의 관측과 분석을 통해 암흑시대의 시기를 추정하였고 암흑시대는 빅뱅 시작으로부터 37만 년 후에 시작되었다고 한다. 그런데 위의 생각에 따르면 그 시기는 첫째 날의 낮 시간이 된다. 그리고 첫 번째 별이 탄생하는 것까지로 해서 암흑시대는 10억 년이 걸린 것으로 계산하고 있는데 위의 생각에 따르면 그 시기는 첫째 날의 밤 시간이 된다. 첫째 날의 시간이 24시간인지 아닌지에 대해서는 많은 이견이 있는 상황이므로 이에 대해서는 더 언급을 하지 않는다. 다만 개인적으로는 24시간이 아닐 이유가 없다는 입장이다. 하나님께서는 우리가 물리학이라고 부르는 것

을 만드신 분이시며 초월하실 수 있는 분이시기 때문이다. 좀 더 나아가서 빅뱅부터 암흑시대 전까지를 낮이라 하여 (임의로) 12시간, 암흑시대를 밤이라 하여 (임의로) 12시간으로 하는 모델을 계산해 보는 것도 어떨까 하는 생각이 든다. 이와 별개로, 하루의 길이가 절대적인 시간(현재의 24시간처럼)이 아니라 낮(빛이 있음)과 밤(빛이 없음)이 한 번씩 지나가면 하루라는 길이가 된다는 제안도 고려해 볼만하다.

다만 저자가 주목하고 싶은 것은 창세기에는 명확하게 태초에 빛과 빛이 없던 어둠이라는 시기가 언급되어 있는데 현대 우주론 모델에서도 우주의 초기에 빛의 유무에 따라 서로 매칭되는 부분이 있다는 것이다. 게다가 창세기에서는 낮과 밤의 순서를 명확히 하였는데 현대 우주론에서도 극초기 우주 및 초기 우주에 뒤이어 암흑 시대가 나타나는 것으로 하고 있으니 순서 상으로도 합치된다.

다시 본 이야기로 돌아와서 4번의 가설을 보면, 아담이 사람 종에서 첫 인간이 되지 않는다는 것이 마음에 걸린다. 하지만 4번 가설을 따른다고 하더라도 하나님의 생기가 코에 불어넣어진 첫 사람은 아담인 것이 맞다. 즉, 하나님의 영을 받은 첫 사람은 아담인 것이다.

5번의 가설을 채택해 볼 수도 있다. 하나님은 아담을 만드신 후 에덴 동산에 두셨는데 에덴에 있는 아담의 시간과 에덴 밖에 있는 다른 많은 남녀 쌍들의 시간이 동일하게 흐르지 않았을 가능성도 있다. 다만 전술한 것과 같이 하루라는 시간 단위는 창조 첫날부터 적용되었기 때문에, 이런 생각은 한계점을 내포한다.

> **창 1:5**
> 하나님이 빛을 낮이라 부르시고 어둠을 밤이라 부르시니라 저녁이 되고 아침이 되니 이는 첫째 날이니라

하지만, 에덴 동산 안에서는 노화가 진행되지 않고 에덴 동산 밖에서는 노화가 진행된다는 방식도 생각할 수 있다. 즉, 아담은 에덴 동산 안에 있는 동안에 나이는 들지만 노화는 되지 않는다는 가설이다. 아담은 에덴 동산에 있는 동안 하나님께서 생명 나무 열매라 부르신 열매를 먹었을 가능성이 있는데 그렇다면 충분히 가능성이 있는 가설이다.

> **창 3:22**
> 여호와 하나님이 이르시되 보라 이 사람이 선악을 아는 일에 우리 중 하나 같이 되었으니 그가 그의 손을 들어 생명 나무 열매도 따먹고 영생할까 하노라 하시고

창조 6일째에 다른 많은 남녀 쌍들이 창조된 것이 아닌가 하는 생각은 가인의 이야기를 볼 때 좀 더 그럴듯해 보인다. 가인이 아벨을 죽인 후 하나님께서는 가인을 찾아 오셨다. 가인이 아벨을 죽인 직후인지 아니면 상당한 시간이 흐른 후인지는 알 수 없다. 가인은 하나님께 자신이 다른 인간들을 두려워하는 것 같은 내용의 말씀을 드린다.

창 4:14

주께서 오늘 이 지면에서 나를 쫓아내시온즉 내가 주의 낯을 뵈옵지 못하리니 내가 땅에서 피하며 유리하는 자가 될지라 무릇 나를 만나는 자마다 나를 죽이겠나이다

창 4:15

여호와께서 그에게 이르시되 그렇지 아니하다 가인을 죽이는 자는 벌을 칠 배나 받으리라 하시고 가인에게 표를 주사 그를 만나는 모든 사람에게서 죽임을 면하게 하시니라

하나님께서 가인을 찾아오신 시기가 아벨을 죽인지 얼마 되지 않는 시점이라면 쉽게 이해가 되지 않는 부분이다. 가인은 아담과 하와의 첫째 아들로 아담과 하와를 제외하고는 가장 장성한 인간이었을 것이기 때문이다. 하지만 창세기 1장에서 다른 남녀 쌍들이 같이 창조된 것이라 생각하면 쉽게 이해가 된다. 자기 가족들 말고도 다른 많은 사람들이 있었을 것이기 때문이다. 물론 가인이 아벨을 죽인 지 상당한 시간이 흐른 후이고 이미 아담과 하와의 자손들이 땅에 퍼지기 시작했다면 가인이 아담과 하와의 자손들을 두려워한 것일 수도 있지만 이런 경우라도 쉽게 납득 되지는 않는다. 가인은 아담의 자손 중의 가장 맏아들인데 자신의 어린 형제들이 자신을 만날 때마다 자신을 죽일 것을 염려하는 형국이 되기 때문이다.

창조 6일 째에 다른 많은 남녀 쌍들이 창조되었다는 가정은 가인과 아벨의 제사에 관해서 특이한 모습을 그려볼 수 있게 한다. 창

세기 4장의 말씀을 보자.

창 4:1

아담이 그의 아내 하와와 동침하매 하와가 임신하여 가인을 낳고 이르되 내가 여호와로 말미암아 득남하였다 하니라

창 4:2

그가 또 가인의 아우 아벨을 낳았는데 아벨은 양 치는 자였고 가인은 농사하는 자였더라

창 4:3

세월이 지난 후에 가인은 땅의 소산으로 제물을 삼아 여호와께 드렸고

창 4:4

아벨은 자기도 양의 첫 새끼와 그 기름으로 드렸더니 여호와께서 아벨과 그의 제물은 받으셨으나

창 4:5

가인과 그의 제물은 받지 아니하신지라 가인이 몹시 분하여 안색이 변하니

창 4:6

여호와께서 가인에게 이르시되 네가 분하여 함은 어찌 됨이며 안색이 변함은 어찌 됨이냐

창 4:7

네가 선을 행하면 어찌 낯을 들지 못하겠느냐 선을 행하지 아니하면 죄가 문에 엎드려 있느니라 죄가 너를 원하나 너는 죄를 다스릴지니라

창 4:8

가인이 그의 아우 아벨에게 말하고 그들이 들에 있을 때에 가인이 그의 아우 아벨을 쳐죽이니라

하나님께서 아벨과 아벨의 제물은 받으시나 가인과 가인의 제물을 받지 아니하시자 가인은 몹시 분해한다. 가인과 아벨은 형제이다. 형제끼리는 친한 것이 일반적이지만 가인과 아벨은 성향이나 인격이 다를 수도 있고 그로 인해서 친하지 않을 수도 있다. 그렇다면 아벨은 의인으로 기록되어 있으므로, 가인이 심성이 바르지 않은 사람이었을 가능성이 있다.

마 23:35

그러므로 의인 아벨의 피로부터 성전과 제단 사이에서 너희가 죽인 바라갸의 아들 사가랴의 피까지 땅 위에서 흘린 의로운 피가 다 너희에게 돌아 가리라

가인과 아벨의 관계를 다음과 같이 정리해 보자.

1. 가인과 아벨은 원래 친했으나 창세기 4장 3절의 제사 이후 가인의 심성이 틀어지면서 관계가 틀어지게 된다.
2. 가인은 원래 심성이 바르지 않은 자로 4장 3절의 제사 이전부터 형제 관계는 틀어진 상황이었다.

1의 경우를 먼저 생각해 보자. 형제가 같이 제사를 드릴 때 하나

님께서 자기의 제사만 받지 않으시자 가인은 몹시 분해한 것인데 그렇다면 가인은 제사를 매우 소중하게 생각했다는 뜻일까? 만약 그렇다고 한다면, 제사를 소중하게 여길 정도의 사람이 후에 동생을 죽이는 사람이 되었을까? 쉽게 납득이 가지는 않는다.

2의 경우도 생각해 보자. 가인은 이미 심성이 바르지 않은 사람이라 하나님께 드리는 제사에 정성을 드리지 않았을 가능성이 농후하다. 하나님께서 가인의 제사를 받지 않으시는 것은 당연해 보인다. 가인은 자신의 제사가 받아들여지지 않은 것에 대해 (이미 심성이 바르지 않은 지라) 몹시 분했을 것이다.

하지만 두 경우 모두 가인이 몹시 분한 것은 개인적인 이유인 셈이라서 충분히 공감하기 어려울 수 있다. 이제, 아담과 하와의 창조 시기에 관한 4번의 가설을 기반으로 (2에서 5번까지의 가설을 기반으로 해도 가능하다) 좀 더 상상의 나래를 펼쳐 보자.

만약 아담과 하와, 가인과 아벨 이외에 다른 사람들이 이미 있고 가인과 아벨이 이들을 거느리거나 또는 이끄는 지위에 있었다면 어땠을까? 가인은 가인이 이끄는 무리를 대표해서, 아벨은 아벨이 이끄는 무리를 대표해서 제사를 드렸을 가능성도 있지 않을까?

가인은 농사하는 자였고 아벨은 양을 치는 자였다. 농사하는 기술과 양을 치는 기술을 부모인 아담과 하와에게서 배웠을 수도 있고 가인과 아벨이 스스로 터득하였을 수도 있다. 이 부분을 한정적으로 생각해서 아담, 하와, 가인, 아벨의 4인 가족 중 가인은 농사를 짓고 아벨은 양을 쳤을 수도 있다고 생각할 수 있다. 하지만 4인 가족 외에 다른 사람들이 있었다고 가정하면 농사를 짓는 기술과 양을 치는 기술은 해당 그룹의 지도자가 되기에 충분한 조건이었을 것이다. 아담은 에덴 동산에 있을 때에도 에덴 동산을 경작하며 지키는 자였다. 요즘말로 하자면 관리자이며 지도자 같은 느낌이다. 그렇다면 에덴 동산을 나온 후에도 자기가 거하는 지역을 경작하며 지켰을 것이며 그 지역의 지도자 역할을 했을 가능성도 충분하다. 아담의 아들인 가인과 아벨도 아버지를 뒤이어 특정 그룹의 지도자 역할을 했을 가능성이 있다.

가인과 아벨은 창세기 4장 3절에 '세월이 지난 후에' 라고 기록되어 있으므로 어느 정도 시간이 흐른 후에 제사를 드렸을 것인데, 그렇다면 아버지 아담의 역할이 두 아들에게 나뉘어 계승된 것은 아닐까? 아담은 하나님의 말씀을 들었던 자이고 무리를 (매우 한정적으로 아담의 4인 가족만을 의미한다 할지라도) 지도하는 자이며 제사를 드리는 자였을 것이다. 즉, 아담은 선지자와 왕과 제사장의 역할을 겸하였을 것이다. 시간이 흐른 후 아담은 가인과 아벨에게 무리를 지도하는 역할과 제사 드리는 역할을 계승하였을 것이다. 아마 무리를 지도하는 역할을 먼저 계승한 이후 제사 드리는 역할을 계승하였을 가능성이 높다. 순서가 바뀌어도 상관은 없다. 가인과 아벨이 각각 자신이 이끄는 무리를 이끌고 제사를 드리게 되었을 가능성을 이야기하는 것이기 때문이다.

이럴 경우 하나님께서 아벨의 제사는 받으셨지만 가인의 제사는 받지 않으신 것이 가인에게 있어서는 매우 치욕적인 일이었을 것이다. 혼자라면 모르겠지만 자신이 이끄는 무리 앞에서 공개적으로 망신을 당한 형국이 되었을 것이기 때문이다. 가인이 몹시 분했을 것임을 충분히 이해할 수 있다. (대조되는 제사가 서술된다는 점에서 엘리야와 바알 선지자들의 대결이 떠오른다.) 더욱 눈길을 끄는 것은 '아벨의 제물은 받으셨으나 가인의 제물은 받지 아니하신지라'고 기록된 것이 아니라 '아벨과 그의 제물은 받으셨으나 가인과 그의 제물은 받지 아니하신지라'고 기록되어 있는 것이다. 하나님은 사람의 중심을 보시기에 아벨과 그의 제물은 아벨이라는 사람의 중심과 그의 제물, 가인과 그의 제물은 가인이라는 사람의 중심과 그의 제물을 가리키는 것으로 해석할 수도 있다. 이 표현은 무리를 이끄는 가인과 아벨의 지도자적인 위치에 대한 모습을 떠올리게 한다.

이렇게 4번, 5번의 가설은 고대 인류의 고고학적인 증거들과 배치되지 않으면서 그에 따른 특이한 상황들을 상상해 볼 수 있음을 알아보았다.

04

아담과 **동물의 관계**는 어떠하였을까

아담이 하와를 만나기 전에 한 일들 중 성경에 기록되어 있는 것은 앞에서 정리한 것처럼 하나님의 말씀을 듣고 각종 동물에게 이름을 주었고 잠이 들었고 열매를 먹었고 혼자 있는 것이다. 이 중, 아담이 각종 동물의 이름을 짓는 장면에 관해 생각해 볼만한 점이 있다.

주위를 보면 몇몇 동물들은 사람과 친밀한 관계를 유지하는 것을 넘어서 사람과 교감하는 듯해 보일 때가 있다. 아담과 당시 동물들과의 관계는 어떠하였을까? 주위에서 보는 것처럼 친밀하거나 이를 넘어서 교감하는 정도였을까? 아니면 더 나아가서 우리가 다른 사람과 언어로 의사소통 하는 것처럼 동물과 인간의 언어를 통한 직접적인 상호작용을 할 수 있었을까?

앵무새나 구관조는 사람 말을 따라하는 것을 넘어서 사람과 대화를 하는 경우도 있다고 한다. 성경에서 사람과 동물이 언어를 주고받은 적이 있는지도 살펴보자. 그러한 예가 있다면 아담이 동물들과 언어를 통한 직접적인 상호작용을 하였을 가능성을 배제할 수는 없을 것이다. 창세기에서 하와가 뱀과 대화한 것 외에도 민수기에 발람과 나귀가 대화한 대한 내용이 실려 있다.

민 22:28

여호와께서 나귀 입을 여시니 발람에게 이르되 내가 당신에게 무엇을 하였기에 나를 이같이 세 번을 때리느냐

민 22:29

발람이 나귀에게 말하되 네가 나를 거역하기 때문이니 내 손에 칼이 있었더면 곧 너를 죽였으리라

민 22:30

나귀가 발람에게 이르되 나는 당신이 오늘까지 당신의 일생 동안 탄 나귀가 아니냐 내가 언제 당신에게 이같이 하는 버릇이 있었더냐 그가 말하되 없었느니라

나귀가 말을 할 때 발람이 놀랐는지 안 놀랐는지에 대해서는 기록이 없어 그 부분은 알 수 없지만 어쨌든 발람은 나귀와 이야기를 주고받는다. 하나님께서 나귀 입을 여셨다고 되어 있고 나귀는

자기가 당한 것 및 자기의 기억, 감정에 관한 부분을 인간의 언어로 표현한다. 기억에 관한 부분은 일생 동안 발람을 태웠다는 것이다. 감정에 관한 부분은 발람에게 잘못한 것이 없는데 세 번이나 맞은 것이 억울한 것 같은 뉘앙스가 난다는 것이다.

동물들만 말을 할 수 있는 것은 아님을 시사하는 성경구절도 있다. 예수님께서는 돌들도 소리를 낼 수 있다는 말씀을 하셨으며 구약에서도 관련된 구절을 찾아볼 수 있다.

눅 19:40

대답하여 이르시되 내가 너희에게 말하노니 만일 이 사람들이 침묵하면 돌들이 소리 지르리라 하시니라

합 2:11

담에서 돌이 부르짖고 집에서 들보가 응답하리라

그야말로 모든 피조물은 창조주를 찬양할 수 있다는 것이다. 돌도 소리를 낼 수 있다고 한다면 아담이 동물들과 언어를 통해 상호작용을 하는 것은 그리 놀라워 보이지 않기도 한다. 그렇다면 다음과 같은 것들을 상상해 보는 것도 즐거운 일이다.

아담이 동물들에게 이름을 지어줄 때 동물들이 자기의 이름을 듣고 즐거워하거나 기뻐했을 수도 있다. 개라고 한다면 "내 이름이 개래. 너무 좋다!" 이런 식으로 말이다.

동물과 의사소통을 할 수 있다면, 아담이 에덴 동산을 지킬 때 이동의 편리성을 위해 다른 동물의 (예, 사자나 호랑이, 아니면 커다란 독수리) 등에 타고 다녔을 수도 있다. "독수리, 나 좀 저기까지 태워줘." 이런 식으로 말이다. 물론 언어를 통한 의사소통 없이 음성 신호나 수신호, 아니면 교감만으로 그렇게 했을 수도 있다. 에덴 동산의 크기는 상당히 좁았을 수도 아니면 꽤 넓었을 수도 있는데 에덴 동산이 꽤 넓었다면 빠른 동물을 타고 다니는 것이 에덴 동산을 관리하는데 편리했을 것이다.

아담이 다른 동물들을 인솔하며 다녔을 수도 있다. 주위를 보면 혼자 다니기보다는 끼리끼리 다니는 사람들도 많고 반려 동물들과 다니는 사람들도 많다. 아담도 평상시 생활을 할 때 동물들과 그룹을 지어 다녔을 수도 있다.

05

아담은 에덴 동산에서 **의식주와 관련한 지식**을 가지고 있었을까

아담은 의식주와 관련한 지식을 가지고 있었을까? 만약 에덴 동산에 있던 기간이 매우 짧다면 모르지만 상당히 긴 시간이라면 의식주라는 문제는 피할 수 없을 것이다. 앞에서 아담이 에덴 동산에 거할 수 있는 기간을 정리해 보았다.

아담이 에덴 동산에 거한 기간의 최대 가능치

110년 ~ 120년

아담이 에덴 동산에 거한 기간의 최소 가능치

창세기 1장 27절의 남자와 여자가 아담과 하와가 아닌 경우 :

최소 하루 이내

창세기 1장 27절의 남자와 여자가 아담과 하와인 경우 :

최소 삼일

아담이 에덴 동산에 거할 수 있는 기간은 최소 하루에서 최대 110년~120년 정도 되는 기간이다.

우선 아래의 경우의 수도 다시 한 번 상기해 보자.

1. 창세기 1장의 남자와 여자는 아담과 하와이며 창조 여섯째 날에는 아담과 하와만 창조되었고 이 사역은 창세기 2장에 나와 있는 특별한 과정을 통한 것이다.

2. 창세기 1장의 남자와 여자는 아담과 하와이며 많은 남녀 쌍들도 같이 창조되었고 모두 창세기 2장에 나와 있는 아담과 같은 특별한 과정을 통한 것이다.

3. 창세기 1장의 남자와 여자는 아담과 하와이며 이 둘은 창세기 2장에 나와 있는 특별한 과정을 통하여 창조되었고 이 와는 별도로 다른 많은 남녀 쌍들은 말씀을 통해 창조되었다.

4. 창세기 1장의 남자와 여자는 아담과 하와가 아니며 다른 많은 남녀 쌍들이 말씀을 통해 창조되었다. 아담과 하와는 이후 창세기2 장에서 특별한 과정을 통해 창조되었다.

5. 창세기 1장의 남자는 아담이며 아담은 첫 남자이고 창세기 2장에 나와 있는 특별한 과정을 통해 창조되었다. 하지만 창세기 1장의 여자는 하와가 아니다. 창세기 1장에서 아담과 같이 다른 남녀 쌍들이 말씀을 통해 같이 창조되었다. 하와는 창세기 2장에서 창조된다.

최소 하루도 안 되는 시간이라면 모르겠으나 이틀 정도만 된다고 하여도 아담은 에덴 동산에서 의식주를 영위했다고 할 수 있을 것이다. 의식주 중 의복은 죄를 범한 이후 등장하게 되므로 의복에 관한 고찰은 우선 미룰 수 있다.

먹는 것은 어떨까? 아담은 무엇인가를 먹기는 하였을까? 에덴 동산에서는 먹는 행위 자체가 불필요하다는 주장도 가능하나 창세기를 보면 아담이 먹는 행위를 하였을 것임을 가리키는 구절들이 있다. 그리고 무엇인가를 먹었다고 한다면 채소와 열매 종류를 먹었을 것이라 짐작할 수 있다.

창 1:29

하나님이 이르시되 내가 온 지면의 씨 맺는 모든 채소와 씨 가진 열매 맺는 모든 나무를 너희에게 주노니 너희의 먹을 거리가 되리라

창 1:30

또 땅의 모든 짐승과 하늘의 모든 새와 생명이 있어 땅에 기는 모든 것에게는 내가 모든 푸른 풀을 먹을 거리로 주노라 하시니 그대로 되니라

창 2:16

여호와 하나님이 그 사람에게 명하여 이르시되 동산 각종 나무의 열매는 네가 임의로 먹되

창 2:17

선악을 알게 하는 나무의 열매는 먹지 말라 네가 먹는 날에는 반드시 죽으리라 하시니라

먹는 행위가 있다면 자연히 배설하는 행위도 뒤따를 가능성이 높다. 여기서 배설은 소변이나 대변으로 한정해 보자.

그런데 우선적으로 검토할 것이 있다. 에덴 동산에 있던 동안에는 먹기는 하여도 배설하는 행위는 없을 것이라는 가정이다. 하루 미만으로 있다면 배설하는 것을 참을 수 있을지도 모른다. 그랬다면 실제적인 배설 행위는 없었을 것이다. 그렇다면 아담에게 배설기관(요로나 항문)이 존재했는가의 경우와 배설 작용을 할 수 있었을까의 경우를 합쳐서 생각해 보자.

1. 아담에게는 배설기관이 있었고 에덴 동산에서 배설 작용을 할 수 있었다.
2. 아담에게는 배설기관이 있었지만 에덴 동산에서 배설 작용을 할 수 없었다.
3. 아담에게는 배설기관이 없었지만 에덴 동산에서 배설 작용을 할 수 있었다.
4. 아담에게는 배설기관이 없었고 에덴 동산에서 배설 작용을 할 수 없었다.

3번은 아무래도 말이 되지 않으니 제외하자.

4번의 경우도 무리가 따른다. 아담이 에덴 동산에서 쫓겨난 후에 몇 백 년 이상을 먹고 살았기 때문이다. 창조되었을 당시에는 배설기관이 없었으나 에덴 동산에서 추방당한 이후 배설기관이 생겼다고 하는 것은 무리가 있다. 아담에게는 창조 때부터 배설기관이 있었다고 생각하는 것이 조금 더 자연스러워 보인다.

그렇다면 이제 '에덴 동산에서 배설 작용이 있었을까'의 문제를 보자. 이 경우까지 합치면 좀 더 세분해 볼 수 있다.

1. 아담에게는 배설기관이 있었고 에덴 동산에서 배설 작용을 할 수 있었고 실제로도 하였다.
2. 아담에게는 배설기관이 있었고 에덴 동산에서 배설 작용을 할 수 있었지만 실제로 하지는 못하였다.
3. 아담에게는 배설기관이 있었지만 에덴 동산에서 배설작용을 할 필요가 없어서 실제로 하지는 않았다.

2번의 경우는 아담이 에덴 동산에 머문 기간이 극히 짧은 경우에 가능하다. 아담이 에덴 동산에 머물 수 있는 최소 가능치는 하루 미만인데 이 정도라면 배설 행위를 참을 수 있을 것 같기도 하다.

3번의 경우도 무조건 불가능하지는 않다. 에덴 동산에 있을 때는 신체로 들어간 것이 완전 소화된다는 것이 가능할 수도 있기 때문이다. 들어가는 것이 있으니 나오는 것이 없다면 계속 몸무게가 증가하지 않겠느냐는 생각을 할 수도 있다. 하지만 에덴 동산에 있을 때는 매우 소량만 먹어도 되고 땀을 통한 배설만으로도 충분히 밸런스가 맞는 경우를 생각할 수 있다. 여기서는 1번의 경우인 배설 작용을 한 경우에 대해서 좀 더 생각해 보자.

배설 작용은 배설물을 만든다. 아무래도 배설물을 가까이 하는 것은 꺼려진다. 물론 에덴 동산에서는 배설물이라고 하더라도 그것이 깨끗했을 가능성을 배제할 수는 없다. 만약 천국에서도 배설 과정이 있다고 한다면 배설물은 깨끗할 것이다. 에덴 동산에서의 삶과 천국에서의 삶이 같다는 주장도 있는데, 그렇다면 에덴 동산에서도 배설물은 깨끗하지 않을까? 우선 천국에서는 먹는 행위가 있을까? 바울사도는 천국에서는 음식이 필요 없어질 것이라 적었다.

고전 6:13
음식은 배를 위하여 있고 배는 음식을 위하여 있으나 하나님은 이것 저것을 다 폐하시리라 몸은 음란을 위하여 있지 않고 오직 주를 위하여 있으며 주는 몸을 위하여 계시느니라

하지만 이것은 반론이 가능한데 예수님께서 제자들에게 천국에서 포도나무에서 난 것을 함께 마시겠다는 말씀을 하셨기 때문이다.

마 26:29

그러나 너희에게 이르노니 내가 포도나무에서 난 것을 이제부터 내 아버지의 나라에서 새것으로 너희와 함께 마시는 날까지 마시지 아니하리라 하시니라

막 14:25

진실로 너희에게 이르노니 내가 포도나무에서 난 것을 하나님 나라에서 새 것으로 마시는 날까지 다시 마시지 아니하리라 하시니라

천국에서 먹는 것이 있느냐 없느냐에 대해서는 양쪽이 다 가능할 것 같다. 그렇다면 이번에는 에덴 동산과 천국에서의 삶이 같은가를 보자. 에덴 동산과 천국에서의 삶이 같지 않다는 것을 시사하는 말씀이 있다. 아담과 하와가 결혼을 하였다는 점과 에덴 동산에 밤은 있었다는 점인데 그러한 것들은 천국에 없을 것이기 때문이다.

막 12:25

사람이 죽은 자 가운데서 살아날 때에는 장가도 아니 가고 시집도 아니 가고 하늘에 있는 천사들과 같으니라

계 21:25

낮에 성문들을 도무지 닫지 아니하리니 거기에는 밤이 없음이라

따라서, 에덴 동산의 삶과 천국의 삶은 다를 것으로 생각할 수 있다. 그렇다면 만약 천국에도 배설물이 있고 그것이 깨끗하다고 하더라도 그점 때문에 에덴 동산에서의 배설물이 깨끗하다고는 할 수 없을 것이다. 에덴 동산에서의 배설물은 깨끗하지는 않았을 가능성이 높아 보인다.

그렇다면 아담은 과연 배설물을 어떻게 대했을까? 아무래도 소변이나 대변 본 결과물을 피하지 않았을까?

그런데 아담이 무엇인가를 피했을 가능성이 있다는 것은 특이한 점을 시사한다. 즉, 아담이 무엇인가를 피하는 것이 있다면 아담에게는 그것이 금기시되는 것이라는 점이다. 요컨대 아담에게는 선악을 알게 하는 나무의 열매를 따먹지 말라는 절대적인 금기 외에도 일상생활에서 금기라고 할 수 있는 것이 존재했을 수 있다.

창 2:16

여호와 하나님이 그 사람에게 명하여 이르시되 동산 각종 나무의 열매는 네가 임의로 먹되

창 2:17

선악을 알게 하는 나무의 열매는 먹지 말라 네가 먹는 날에는 반드시 죽으리라 하시니라

이런 관점으로 본다면 금기는 주거활동 중에서도 쉽게 찾아진

다. 예를 들면 뾰족뾰족해서 긁히기 쉬운 돌 위에서 보다는 푹신푹신한 곳에서 잠을 자는 것이 좋겠다는 것 같이 말이다. 굳이 잘 때만이 아니더라도 이동할 때, 즉 걷거나 뛸 때 나뭇가지에 긁히면 안 되겠지 라는 생각을 했을 것이다.

이와 같이, 아담은 에덴 동산에서 살아가면서 일상생활에 관한 일차적인 지혜와 지식, 더 나아가 더 고차원적인 지혜와 지식을 가졌을 것임을 생각해 볼 수 있다. 그리고 그 지혜와 지식 중에는 상대적인 금기가 당연히 포함되었을 것이다.

일상생활에 관한 지혜와 지식은 아담이 에덴 동산에서 살면서 혼자서 깨달은 것일 수도 있다. 하지만 하나님께서 그것의 일부 또는 전부를 알려주신 것일 수도 있다(특히 제사에 대한 지식은 하나님께서 알려주셨을 가능성이 높다). 천사를 통해서 알려주셨을 수도 있다.

하나님께서 (또는 천사가) 아담에게 지혜나 지식을 알려주시는 과정은 순탄했을까? 아담이 성인의 모습으로 지음 받았다면 그나마 수월했을지도 모른다. 하지만 앞에서 생각해 보았듯이 하나님께서 아담을 아기나 아이의 모습으로 창조하셨다고 한다면, 아담이 말을 잘 듣는 아기나 아이였을지 아니면 잘 듣지 않는 아기나 아이였을지 궁금해진다. 말을 잘 듣는지 여부와는 관계없이 하나님께서는 아담을 사랑하며 아끼셨을 것이다. 예수님께서 어린 아이들을 좋아하셨던 모습을 예로 들지 않더라도 이는 충분히 짐작할 만하다.

막 10:14

예수께서 보시고 노하시어 이르시되 어린 아이들이 내게 오는 것을 용납하고 금하지 말라 하나님의 나라가 이런 자의 것이니라

막 10:15

내가 진실로 너희에게 이르노니 누구든지 하나님의 나라를 어린 아이와 같이 받들지 않는 자는 결단코 그 곳에 들어가지 못하리라 하시고

막 10:16

그 어린 아이들을 안고 그들 위에 안수하시고 축복하시니라

아담이 일상생활에 관한 지혜 및 지식을 가졌다면 아담은 그것들을 하와에게도 전달했을 것이다. 또한 하와도 살면서 나름대로 생활 지혜 및 지식을 쌓아갔을 것이다. 그렇다면 선악을 알게 하는 나무의 열매에 관한 금기는 아담이 하와에게 전달한 것일까 아니면 하나님께서 하와에게도 따로 말씀하신 것일까? 하나님께서 선악을 알게 하는 나무의 열매를 금하신 후에 하와를 창조하신 것으로 기록되어 있다.

창 2:17

선악을 알게 하는 나무의 열매는 먹지 말라 네가 먹는 날에는 반드시 죽으리라 하시니라

창 2:18

여호와 하나님이 이르시되 사람이 혼자 사는 것이 좋지 아니하니 내가 그를 위하여 돕는 배필을 지으리라 하시니라

하나님께서 아담에게 금하셨듯이 하와에게 선악을 알게 하는 나무의 열매를 금하는 말씀을 직접 하셨다는 기록은 없다. 물론 그런 말씀을 하지 않으셨다는 기록도 없다. 그래도 아담이 먼저 하나님의 명령을 듣고 이후에 하와에게 선악을 알게 하는 나무의 열매를 먹지 말 것을 알려주었을 가능성이 높아 보인다.

이는 뱀이 하와를 꾀었을 때 하와가 한 답변을 통해서도 짐작해 볼 수 있다.

창 3:3

동산 중앙에 있는 나무의 열매는 하나님의 말씀에 너희는 먹지도 말고 만지지도 말라 너희가 죽을까 하노라 하셨느니라

하와는 여기서 '하나님의 말씀에' 라는 표현을 써 마치 하나님께서 자신에게는 직접 말씀하시지는 않으신 것처럼 말하는 것을 볼 수 있다. 주의할 것은 하나님께서 아담에게 하신 말씀과 하와가 말하는 내용이 서로 같지 않다는 것이다. 아담이 하나님의 원래 말씀을 바꾸어서 하와에게 전달했는지, 아니면 아담은 하나님의 원래 말씀을 그대로 전달했는데 하와가 마음속에서 바꾸었는지는 알 수 없다. 이러한 불일치성에 대해서는 뒤에서 좀 더 다뤄보자.

요컨대, 아담과 하와는 에덴 동산에서 생활하면서 일상생활과 관련한 여러 가지 지혜와 지식을 가지고 있었을 것이다. 지혜와 지식은 그 속성상 무엇인가를 해도 괜찮다는 쪽도 있는 반면 무엇인가를 하면 괜찮지 않다는 쪽도 있다. 그렇다면 아담과 하와의 생각과 마음 속에는 선악을 알게 하는 나무의 열매에 대한 금기 외에도 다른 금기 사항들이 있었을 가능성이 높다. 금기라는 것은 절대적인 금기와 상대적인 금기로 나눌 수 있는데 선악을 알게 하는 나무에 관한 내용은 당연히 절대적인 금기였을 것이고 생활 지혜나 지식과 관련한 금기는 대부분 상대적인 금기였을 것이다.

어떤 경험이 통증이나 불쾌한 감정을 일으켰다면 그것과 관련한 경험이 상대적인 금기로 마음 속에 자리 잡게 되는 것은 너무나 자연스럽다. 뛰다가 뾰족한 돌을 밟거나 나뭇가지에 긁혔을 때 앞으로는 조심하자고 생각한다거나 소변이나 대변 본 결과물을 피해야지 라고 생각하는 것처럼 말이다.

하지만 에덴 동산에 있는 동안에는 그러한 부정적인 경험은 가능하지 않다는 반론도 가능하다. 하나님께서는 어떠한 통증이나 불쾌한 경험을 하지 않게 하실 수 있으신 분이시기 때문이다.

사 11:9

내 거룩한 산 모든 곳에서 해 됨도 없고 상함도 없을 것이니 이는 물이 바다를 덮음 같이 여호와를 아는 지식이 세상에 충만

할 것임이니라

계 7:16

그들이 다시는 주리지도 아니하며 목마르지도 아니하고 해나 아무 뜨거운 기운에 상하지도 아니하리니

계 21:4

모든 눈물을 그 눈에서 닦아 주시니 다시는 사망이 없고 애통하는 것이나 곡하는 것이나 아픈 것이 다시 있지 아니하리니 처음 것들이 다 지나갔음이러라

그렇기에 하나님께서 아담과 하와가 통증이나 불쾌한 경험을 하지 않기를 원하셨다면 아담과 하와에게 상대적인 금기는 생기지 않았을 것이다. 그 정도 수준까지는 아니더라도 통증이나 불쾌한 경험이 매우 강도가 약하다거나 매우 짧은 시간만 지속되고 바로 회복되었을 수도 있다. 이스라엘 백성이 광야를 지날 때에 여러 육체적인 욕심에 의해 불평을 하였지만 하나님께서는 이스라엘 백성의 의복이 해어지지 않게 하셨고 발이 부르트지도 않게 하신 것을 보아 미루어 짐작할 수 있다.

신 8:4

이 사십 년 동안에 네 의복이 해어지지 아니하였고 네 발이 부르트지 아니하였느니라

만약 하나님께서 그렇게 하지 않으셨다면 아담과 하와는 통증이나 불쾌한 경험을 겪었을 텐데 이러한 것들 중에는 반복되는 것을 피할 수 있지만 피할 수 없는 것들도 많이 있다. 무엇인가에 긁히거나 찔리는 것 등은 현재를 사는 우리들도 겪고 싶지 않지만 겪게 되는 경우가 많은 것임을 익히 잘 알고 있다. 즉, 상대적인 금기에 대한 경험이 누적되는 상황에 놓이게 된다는 것이다.

어떤 자극에 대한 노출이 지속된다면 그 자극에 익숙해져 둔감해질 수 있다. 모기에 물리는게 싫기는 하지만 잠에서 깨는 것도 싫어 그냥 물리고 말지 하는 것처럼 말이다. 후에, 아담과 하와는 선악을 알게 하는 나무의 열매를 먹게 되는데 이는 절대적인 금기에 해당하는 사항으로 우리들로써는 쉽게 납득되지 않는 행동이다. 혹시 일상생활을 하면서 상대적인 금기에 노출된 반복적인 경험들이 하와의 마음에서 금기에 대한 역치를 지속적으로 낮추게 되고 결국에는 절대적인 금기에 대한 두려움마저 조금씩 불식된 것은 아닐까하는 생각을 해 본다.

06

아담은 **선악을 알게 하는 나무의 열매(선악과)**와 관련한 말씀을 어떻게 받아들였을까

하나님께서는 아담에게 특정 행위를 금지하시면서 이를 어겼을 경우에 일어날 일에 대해서도 말씀하셨다.

창 2:16
여호와 하나님이 그 사람에게 명하여 가라사대 동산 각종 나무의 실과는 네가 임의로 먹되

창 2:17
선악을 알게 하는 나무의 열매는 먹지 말라 네가 먹는 날에는 반드시 죽으리라 하시니라

생명 나무와 선악을 알게 하는 나무, 이 두 나무는 생김새가 어떻게 달랐고 열매는 어떻게 달랐을까? 그리고 두 나무 중 어느 쪽

이 생명 나무이고 선악을 알게 하는 나무인지를 아담은 처음에 어떻게 분별했을까? (하나님께서 직접 알려주셨을 수도 있고 천사를 통해 알려 주셨을 수도 있다.) 아담은 이 말씀을 듣기 전부터 두 나무의 존재를 알았을까, 아니면 말씀을 들은 후에 알게 되었을까? 명확하게 답을 하기 어려운 질문들이 많다.

아담이 선악을 알게 하는 나무를 분별 하게 되는 방식으로 가능한 것들은 아래와 같다.

1. 꿈이나 환상, 계시를 통해 알게 됨
2. 글을 통해 알게 됨
3. 나무 근처에서 직접 알게 됨. 예를 들면 하나님께서 아담을 선악을 알게 하는 나무 근처로 데리고 가셔서 이 나무가 선악을 알게 하는 나무다라고 알려 주시는 것이다.

그런데 선악을 알게 하는 나무의 이름이 처음부터 '선악을 알게 하는 나무' 이었던 것일까 아니면 명확한 이름은 없었는데 이후에 이름이 그렇게 붙여진 것일까? 달리 말하면 선악을 알게 하는 나무라는 이름은 하나님께서 지으신 것인지 아닌지를 생각해 보자.

아담은 특정 나무를 시각적으로나 경험적으로 분별할 수 있는 상황이기 때문에 나무의 이름이 없더라도 그 특정 나무를 분별해 낼 수 있다. 즉, 1,2,3 의 방식을 통해서 이름이 없어도 '특정 나무'

에 대한 정보 전달이 가능하다는 것이다. 2번의 방식은 불가능하다고 생각할 수 있겠으나, '동산 중앙에 있는 어느 어느 열매를 맺는 나무' 라는 식으로 나무의 특성을 언급하면 나무의 이름이 필요하지 않다는 것을 알 수 있다.

다만 창세기가 기록될 당시에는 나무의 이름이 없이는 해당 부분을 서술하기 어려우니 하나님께서 모세에게 그렇게 적으라고 하셨을 수도 있다.

그렇지만 창 2:16을 보면 '여호와 하나님이 그 사람에게 명하여 가라사대'라고 명확히 서술되어 있어 하나님께서 그 나무의 이름을 선악을 알게 하는 나무라고 지으셨을 가능성이 더 높아 보인다. 그렇다면 그렇게 이름을 지으신 이유로 어떤 것을 생각해 볼 수 있을까?

1. 그 나무의 미래의 역할을 고려하셔서 이름을 지으심. 즉, 이 나무는 장차 일련의 사건을 통해 아담에게 (또는 인간에게) 선악을 알게 할 나무가 될 것이기 때문에 미리 선악을 알게 하는 나무라고 이름을 지으심. 그렇지만 나무나 열매에는 특이한 효력은 없음.

2. 그 나무 열매의 효력을 고려하셔서 이름을 지으심. 즉, 이 나무 열매에는 아담이나 (또는 인간이) 그것을 먹게 될 경우 실제로 선악을 알게 하는 효력이 있음. 1번과는 달리 나무나 열매에 특이한 효력이 있음.

2번의 경우 나무나 열매에 특이한 효력이 있다는 것인데 다음과 같이 세분해 볼 수 있다.

2-1. 그 나무의 열매에 실제로 선과 악이 있음. 봉인되어 있다고도 볼 수 있음.

2-2. 그 나무의 열매에는 실제로 선과 악이 있지는 않지만 그것을 먹으면 모종의 과정이 진행되면서 열매를 먹은 주체가 선과 악을 알게 됨.

창 2:17 을 1번과 2번을 고려하면 다음과 같다.

1. 그 나무나 열매에는 특이한 효력이 없음. 그 나무의 열매를 먹지 말라는 하나님의 말씀을 어겼기 때문에 죽게 되는 결과에 이르게 됨.

2. 그 나무나 열매에 특이한 효력이 있음. 그 나무의 열매를 먹었기 때문에 선악을 알게 됨. 1번과 같이 하나님의 말씀을 어겼기 때문에 죽게 되는 결과에 이르게 되었다고 할 수 있음. 하지만 그렇지 않더라도 그 나무의 열매를 먹었기 때문에 선악을 알게 되었고 그 때문에 죽게 되는 결과에 이르게 되었다고 볼 수도 있음. (예. 오로라 공주에게 물레 바늘에 찔리면 죽을 것이라고 몇 번씩이나 얘기했는데도 결국 물레 바늘에 찔리고 죽음 (동화 내용은 죽을 뻔함) 찔리지 말라는 말 자체를 어겼기 때문에 죽는 것이라 보기는 어려움) 선을 알게 되었다고 죽는 결과에 이르게 되었다고 보기는 어렵기 때문에 악을 알게 되었기 때문에 죽는 결과에 이르게 되었다고도 볼 수 있음.

먹는다는 행위로 행위의 주체가 바뀐다는 것은 다음과 같은 예수님의 말씀을 기억나게 한다.

요 6:53

예수께서 이르시되 내가 진실로 진실로 너희에게 이르노니 인자의 살을 먹지 아니하고 인자의 피를 마시지 아니하면 너희 속에 생명이 없느니라

요 6:54

내 살을 먹고 내 피를 마시는 자는 영생을 가졌고 마지막 날에 내가 그를 다시 살리리니

요 6:55

내 살은 참된 양식이요 내 피는 참된 음료로다

요 6:56

내 살을 먹고 내 피를 마시는 자는 내 안에 거하고 나도 그의 안에 거하나니

예수님께서 제정하신 성찬식에서도 같은 내용을 발견할 수 있다.

마 26:26

그들이 먹을 때에 예수께서 떡을 가지사 축복하시고 떼어 제자들에게 주시며 이르시되 받아서 먹으라 이것은 내 몸이니라 하시고

마 26:27

또 잔을 가지사 감사 기도 하시고 그들에게 주시며 이르시되 너희가 다 이것을 마시라

마 26:28

이것은 죄 사함을 얻게 하려고 많은 사람을 위하여 흘리는 바 나의 피 곧 언약의 피니라

즉 예수님의 몸을 먹고 피를 마심으로써 변화될 수 있음을 알 수 있다. (먹는다의 정의를 명확하게 내리려는 논의는 다루지 않는다.)

여기서 한 가지 더 주목해 볼 것이 있다. 예수님께서는 제자들에게 떡을 떼어 주셨다. 한 덩어리의 (하나의) 떡이 여러 개의 (복수의) 떡이 된 것이다. 그렇다면 에덴 동산에 생명 나무가 한 그루 있었까 아니면 여러 그루 있었을까? 에덴 동산에서는 모르겠지만 요한계시록을 보면 생명 나무는 적어도 두 그루 이상 있는 것을 알 수 있다.

계 22:2

길 가운데로 흐르더라 강 좌우에 생명 나무가 있어 열두 가지 열매를 맺되 달마다 그 열매를 맺고 그 나무 잎사귀들은 만국을 치료하기 위하여 있더라

'강 좌우에 생명 나무가 있어' 라고 되어 있는 것을 보면 적어도 생명 나무가 두 그루 이상 있음을 짐작할 수 있다. 위의 말씀을 보면 생명 나무는 열두 가지 열매를 달마다 맺으며 나무 잎사귀들이

만국을 치료하기 위하여 있다는 것을 알 수 있다. 에덴 동산에 있던 생명 나무도 같은 특징을 가지고 있었을 수도 있다. 물론, 아닐 수도 있다.

생명 나무가 예수님 자신인지, 아니면 예수님을 상징하는 것인지는 다루지 않도록 하자.

이제 다음 부분은 '먹지 말라'이다. '먹지 말라'는 명령은 아담을 혼란스럽게 하거나 착각하게 할 만해 보이지는 않는다.

'먹는 날에는' 이라는 단어도 명확해 보인다. 오히려 먹는 즉시가 아니라 먹는 날이라고 말씀하셨다는 점에서 하나님의 긍휼이 느껴진다. 회개하고 용서받을 수 있는 시간적인 여유를 마련해 놓으셨다는 생각이 들기 때문이다(예컨대 오전에 먹었는데 오후에 회개하면 괜찮았을 수도 있지 않을까 하는 것처럼 말이다).

이 부분에서 아담이 오해하거나 자의로 해석할 소지가 있는 부분을 굳이 찾자면 '먹는 날에는 반드시 죽으리라'에서 죽는 날이 언제 인지에 대한 명확성이 떨어져 보일 수도 있다는 것이다. 즉 '먹는 날에는 먹은 날에 반드시 죽으리라' 로 말씀하신 것이 아니어서 '먹는 날에는 (언제인지는 모름) 반드시 죽으리라' 처럼 생각한다면 먹는 날과 죽는 날이 반드시 일치하지는 않을 수도 있기 때문이다.

이제 '죽으리라' 부분인데 이 말씀에도 역시 자의적으로 해석할 수 있는 여지가 있어 보인다. 한국어 성경을 보면 '죽으리라' 라는 동사의 주어가 없는 것처럼 보여, 자칫 '네가 먹는 날에는 반드시 (누군가가) 죽으리라 하시니라' 처럼 이 역시 아담이 편할 대로 왜곡할 여지가 있는 것처럼 보일 수도 있다. (후에 죄를 속하기 위해 예수님께서 대신 죽으신다는 것을 알고 있기 때문에 사뭇 충격이 더해진다. 그렇다면 결국 이 부분은 네(아담)가 먹는 날에는 반드시 (내가) 죽으리라 처럼 읽힐 수도 있다.) 다행히도 영어 성경에는 'thou shalt surely die' 로 기록되어 있어 '너' 즉 아담이 죽는 것으로 기록되어 있다.

그렇다면 아담은 죽는다는 것을 무엇이라고 생각했을까? 오늘날에도 죽는다는 것은 다양한 의미를 가지고 있으며 그것이 무언인지 정확하게 말하기는 매우 어렵다. 아담은 신체 장기 중 하나인 심장의 영구적인 정지를 죽는 것이라고 생각했을까, 아니면 단지 심정이 매우 괴로운 상태를 죽는 것이라고 생각했을까? 표준 국어대사전에만 해도 '죽다'라는 단어에는 12가지의 뜻이 있다. 캠브리지 영어 사전이나 메리엄 웹스터 영어사전에도 'die' 라는 단어에는 수 가지의 뜻이 있다. 이래서는 아담이 죽는다는 단어를 오해했다고 항변해도 뭐라 할 수 없어 보인다.

그렇다면 다른 접근법이 필요해 보인다. 죽음을 겪어본 적이 있느냐는 것이다. 아담이 죽은 것을 겪어본 적이 있느냐는 것이 아니고 죽은 사람을 본 적이 있느냐는 것이다. 죽은 사람을 본 적이 있는 사람과 그렇지 않은 사람과는 죽음에 대한 인식의 차이가 분명히 존재한다는 것을 부정할 수는 없을 것이기 때문이다. 죽은 사람을 본 적이 없는 아이들이라면 죽는다는 단어에 대해서 사전적으로 아무리 알려줘도 상당히 피상적으로밖에 알 수 없다. 반면 죽은 사람을 직접 보고 경험해 본 적이 있는 사람에게 죽는다는 것은 매우 깊이 있게 다가올 것이다. 죽음으로 인한 치명적이며 비가역적인 상황은 다른 생명체의 죽음을 경험한 사람에게 상당한 무게감을 줄 수밖에 없는 것이다.

그렇다면 아담은 죽음을 치명적이며 비가역적인 상황을 가져오는 것으로 생각했을 지가 궁금해진다. 그에 앞서 우선 아담은 다른 생명체의 죽음을 경험해 본 적이 있을지가 궁금해진다. 꼭 그 대상이 사람일 필요는 없을 것이다. 다른 동물이나 그렇지 않다면 식물의 죽음이라도 아담은 경험해 본 적이 있을 지를 생각해 보자.

에덴 동산에서
무슨 일이
일어났을까?

What might happen in the garden of Eden?

07

아담은 **시체**를 접한 적이 있을까

아담이 에덴 동산에서 쫓겨나기 전 시체를 접한 적이 있을까 하는 문제는 매우 난해해 보인다. 우선 장소적인 제약 때문이다.

일단 에덴 동산 안에서 다른 동물이나 식물의 죽음이 있었을 것이라고 생각하기는 매우 어렵다(여기에서 사용하는 죽음이라는 단어에 대한 정의를 엄밀하게 내리지는 않겠다). 왜냐하면 에덴 동산은 생명 나무가 있는 곳이기 때문이다. 좁게 생각해 볼 때 생명 나무는 에덴 동산에 있는 아담과 하와만을 위한 것일 수도 있다. 그렇다면 에덴 동산에 있는 동물들은 어땠을까? 그 동물들은 생명 나무 열매를 먹을 수 있었을까 아니면 먹지 못했을까? 에덴 동산에 있는 동물들도 생명 나무 열매를 먹었을 가능성을 배제할 수는 없다. 또한 그렇다면 생명 나무는 에덴 동산에 있는 식물에는 아무런 영향도 끼치지 못하는 것이었을까? 역시 에덴 동산에 있는 나무들도 생명 나무에게서 영향을 받았을 가능성을 배제할 수는 없다. 즉, 에덴 동산 안에 있는 생명체는 생명 나무의 영향 아래 있었을 가능성, 즉 죽지 않았을 가능성을 배제하지는 못 한다는 것이다.

하지만 에덴 동산 경계의 바깥쪽은 어땠을까? 에덴 동산은 지구에 있던 장소이고 지구 전체가 에덴 동산이 아닌 이상 경계가 존재했을 것이다. 특히 에덴 동산에서 흐르는 강에서 네 근원이 나왔다는 것을 볼 때 에덴 동산은 네 강의 상류지점이며 동시에 네 근원과 구분되는 경계가 있다는 것은 분명해 보인다. 게다가, 창세기 2장에 언급되는 에덴 외에 다른 지명, 즉 하윌라나 구스, 앗수르와의 경계선이나 경계지역이 있었을 것이다.

창 2:10

강이 에덴에서 흘러 나와 동산을 적시고 거기서부터 갈라져 네 근원이 되었으니

창 2:11

첫째의 이름은 비손이라 금이 있는 하윌라 온 땅을 둘렀으며

창 2:12

그 땅의 금은 순금이요 그 곳에는 베델리엄과 호마노도 있으며

창 2:13

둘째 강의 이름은 기혼이라 구스 온 땅을 둘렀고

창 2:14

셋째 강의 이름은 힛데겔이라 앗수르 동쪽으로 흘렀으며 넷째 강은 유브라데더라

게다가 하나님께서는 아담에게 에덴 동산을 지키게 하셨다.

창 2:15

여호와 하나님이 그 사람을 이끌어 에덴 동산에 두어 그것을 경작하며 지키게 하시고

경작한다는 뜻이 지킨다는 것을 의미하는 것일 수도 있으나 경작하는 것과 지키는 것이 서로 다른 말일 수도 있다. 두 단어가 서로 다른 것을 의미한다면 아담은 무엇으로부터 에덴 동산을 지켜야 했던 것일까? 아담이 에덴 동산의 경계 안쪽에 있는 무엇인가로부터 에덴 동산을 지켜야 했다기보다는 경계 바깥쪽에 있는 무엇인가로부터 에덴 동산을 지켜야 했다는 것으로 이해할 수도 있다. 에덴 동산을 지킨다는 것은 무슨 뜻일까? 에덴 동산 자체를 온전히 지키는 것일 수도 있고 아니면 에덴 동산 안에 있는 무엇인가를, 예를 들면 생명 나무를 지켜야 했을 수도 있다.

아담은 에덴 동산에서 살 때, 에덴 동산 안쪽 깊숙한 곳에만 있었다기보다는 에덴 동산의 외부 경계까지 가보았을 가능성이 있다. 심지어는 외부 경계 바깥쪽에 있는 일을 보았을 수도 있다. 그렇다

면 외부 경계 바깥쪽에서 일어난 죽음(예, 동물의 사체가 강에 떠내려가는 것)을 보았을 가능성도 있다.

이와는 별개로 식물의 죽음을 어떻게 보느냐하는 문제도 있다. 즉, 먹다 남은 열매라든지 아니면 씨앗 부분을 열매의 죽음으로 볼 수 있느냐 하는 것이다. 에덴 동산에서 먹다 남은 열매가 부패하는지 하지 않는지의 여부는 생명 나무의 존재 때문에 확실히 하기는 어려워 보인다.

열매에 대한 다른 상황을 상정할 수 있다. 만약 아담이 열매를 밟아서 그것이 터졌다면 아담은 이것을 어떻게 여겼을까 하는 식으로 말이다. 죽음까지는 아니더라도 충분히 비가역적인 상황임은 인지하였을 것이다. 그렇다면 아담은 단어적이거나 피상적인 죽음이 아닌 비가역적인 상황을 의미하는 죽음에 대해서 어느 정도 경각심을 가지고 있었을 것이다.

이제 다시 앞선 가정으로 돌아가자. 아담이 살던 당시 에덴 동산의 외부에서 죽음이라는 것이 존재할 수 있었을까의 문제이다. 이번에는 시간적인 제약을 고려해보자.

아담과 하와, 그리고 인간들에 대한 창조에 관한 경우의 수를 다시 한 번 보자.

1. 창세기 1장의 남자와 여자는 아담과 하와이며 창조 여섯째 날에는 아담과 하와만 창조되었고 이 사역은 창세기 2장에

나와 있는 특별한 과정을 통한 것이다.

2. 창세기 1장의 남자와 여자는 아담과 하와이며 많은 남녀 쌍들도 같이 창조되었고 모두 창세기 2장에 나와 있는 아담과 같은 특별한 과정을 통한 것이다.

3. 창세기 1장의 남자와 여자는 아담과 하와이며 이 둘은 창세기 2장에 나와 있는 특별한 과정을 통하여 창조되었고 이 와는 별도로 다른 많은 남녀 쌍들은 말씀을 통해 창조되었다.

4. 창세기 1장의 남자와 여자는 아담과 하와가 아니며 다른 많은 남녀 쌍들이 말씀을 통해 창조되었다. 아담과 하와는 이후 창세기2 장에서 특별한 과정을 통해 창조되었다.

5. 창세기 1장의 남자는 아담이며 아담은 첫 남자이고 창세기 2장에 나와 있는 특별한 과정을 통해 창조되었다. 하지만 창세기 1장의 여자는 하와가 아니다. 창세기 1장에서 아담과 같이 다른 남녀 쌍들이 말씀을 통해 같이 창조되었다. 하와는 창세기 2장에서 창조된다.

1~3인 경우 아담이 에덴 동산에 거할 수 있는 최소 기간은 3일이다. 4, 5인 경우 아담에 에덴 동산에 거할 수 있는 최소 기간은 1일 미만일 수도 있지만 천지 창조부터 아담 창조까지는 상당히 많은 시간을 할애 할 수 있고 현대 고고학의 추정치에도 이론적으로는 맞출 수 있는 것을 앞에서 살펴보았다.

1~3인 경우를 보면 어떠한 생명체라도 3일 이상은 살아야 하는

셈이 된다. 왜냐하면 전술한 바와 같이 하나님께서는 7일째 되는 날 쉬시면서 매우 좋았다고 하셨기 때문이다. 3일이라는 것의 표현이 모호할 수 있으니 좀 더 상술하자면 6일째 낮–6일째 밤–7일째 낮–7일째 밤–8일째 낮 까지를 의미한다. 그런데 큰 바다 짐승들과 물에서 번성하여 움직이는 생물들, 날개 있는 새들은 아담보다 하루 전에 창조되었기 때문에 4일 이상은 살아야 하는 셈이 된다. (5일째 낮–5일째 밤–6일째 낮–6일째 밤–7일째 낮–7일째 밤–8일째 낮)

크기가 육안으로 확인되는 동물들은 충분히 3일 이상, 또는 4일 이상은 살 수 있을 것 같다. 그런데 미시적인 세계로 가면 곤란해진다. 즉 복모동물이라던지 세균이나 바이러스 등의 경우를 어떻게 하면 좋겠느냐는 것이다. 다만 이런 종류들에게 죽음이라는 개념을 적용하는 것이 의미가 있느냐는 반론을 제기할 수 있다. 분열을 한 경우라면 분열을 한 것뿐이지 사체가 없기 때문이다. 하지만 다른 반론 또한 가능한데 이런 종류들도 주위 환경 조건이 적절하지 않으면 죽는 것, 즉 파괴될 수도 있다. 미시동물들이 5일째 창조되었는지 6일째 창조되었는지는 알기 어렵다.

즉, 1~3인 경우 미시동물들이 3일 또는 4일 이상 사고로 죽는 경우가 배제되어야 아담이 에덴 동산에 거하던 당시에는 죽음이 없다는 가정을 할 수 있다.

4, 5인 경우를 보면 동물들이 세대를 거듭하고 거듭할만한 시간

이 충분하기 때문에 아담이 에덴 동산에 있는 시간동안 외부에서는 거시적인 동물들의 죽음도 가능하다는 가정을 할 수 있다.

이렇게 경우에 따라 에덴 동산 경계 밖의 생물들에게 죽음은 불가능한 것이 아니었을지도 모른다는 가정을 해 보았다. 그렇다면 아담이 에덴 동산의 경계에서 동물이나 식물의 죽음을 접해 본 적은 없다고 단언하기도 어려울 수 있다. 예를 들면 강을 떠내려가는 동물의 사체를 아담이 보았을 수도 있다. 만약 그랬다면 아담은 죽는다는 것에 대해서 상당한 두려움과 경계 의식을 가졌을 것이다. 물론, 그렇지 않더라도 아담은 비가역적인 상황을 접했을 가능성이 있고 그런 상황에 대한 경계감이 생겼을 것이다.

이런 두려움을 엿볼 수 있는 부분이 있다. 하와가 뱀에게 말한 내용으로, 하나님께서 아담에게 하셨던 말씀과 조금씩 다른 부분이 발견된다.

창 2:17

선악을 알게 하는 나무의 열매는 먹지 말라 네가 먹는 날에는 반드시 죽으리라 하시니라

창 3:3

동산 중앙에 있는 나무의 열매는 하나님의 말씀에 너희는 먹지도 말고 만지지도 말라 너희가 죽을까 하노라 하셨느니라

'선악을 알게 하는 나무'가 '동산 중앙에 있는 나무'로 바뀌었으며, '먹지 말라'는 '먹지도 말고 만지지도 말라'로 바뀌었다. 금기 행동의 범위가 확대된 것이다. 이전에 언급한 것처럼 아담은 하나님의 말씀을 그대로 전했는데 하와가 확대해석을 한 것인지 아담이 확대해석을 해서 하와에게 전달했는지는 알 수 없다. 뿐만 아니라 뱀이 하와를 떠보자 하와가 당황했고 순간적으로 확대한 말을 내뱉은 것일 수도 있다.

만약, 아담이 확대해석을 한 것이라면 그 이유는 무엇일까? 혹시 아담은 에덴 동산의 경계에서 접한 동물이나 식물의 죽음에 상당한 두려움과 경계 의식을 가지게 되었고 그 결과 하와에게 하나님의 말씀보다 더욱 확대되는 범위를 하와에게 금지시킨 것은 아니었을까?

08

에덴 동산 **경계 밖**은 어땠을까

그럼 이제 에덴 동산 경계 밖에 죽음이 있을 수 있는가 하는 문제를 좀 더 생각해보고자 한다. 하나님께서는 창조 주간에 모든 천지와 만물을 지으셨고 이는 하나님께서 보시기에 심히 좋았다.

창 1:31

하나님이 지으신 그 모든 것을 보시니 보시기에 심히 좋았더라
저녁이 되고 아침이 되니 이는 여섯째 날이니라

창 2:1

천지와 만물이 다 이루어지니라

따라서 사탄은 창조주간 동안에는 천지와 만물에 수작을 부리지 못했을 가능성이 크다. 하지만 사탄이 얼마나 열정적으로 먹이

를 찾아다니는 지를 생각한다면, 사탄은 창조주간이 끝난 지 얼마 안 되어서부터, 아니면 바로 직후라도 하나님의 창조 섭리 및 조화를 무너뜨리기 위해 활동했을 것임을 쉽게 짐작할 수 있다.

욥 1:7

여호와께서 사탄에게 이르시되 네가 어디서 왔느냐 사탄이 여호와께 대답하여 이르되 땅을 두루 돌아 여기저기 다녀왔나이다

벧전 5:8

근신하라 깨어라 너희 대적 마귀가 우는 사자 같이 두루 다니며 삼킬 자를 찾나니

그 첫 번째 활동이 하와를 유혹하는 것인지, 아니면 그 전부터도 활동을 하고 있었는지를 좀 더 살펴보자. 뱀이 하와를 유혹하는 장면에서 뱀은 간교한 짐승으로 소개된다.

창 3:1

그런데 뱀은 여호와 하나님이 지으신 들짐승 중에 가장 간교하니라 뱀이 여자에게 물어 이르되 하나님이 참으로 너희에게 동산 모든 나무의 열매를 먹지 말라 하시더냐

하나님께서 천지와 만물을 지으시고 이는 하나님께서 보시기에 심히 좋았는데 뱀이 하와를 유혹했을 때에 뱀은 간교한 짐승이 되

어 있는 것이다. 이는 마치 뱀에게 무슨 일이 생겨 간교한 짐승이 되어버린 것 같은 뉘앙스를 풍긴다. 게다가 들짐승 중에 가장 간교하다는 표현은 다른 간교한 짐승들이 더 있는 것 같은 뉘앙스를 풍긴다. 여기서 앞의 경우의 수를 다시 인용해 보자.

1. 창세기 1장의 남자와 여자는 아담과 하와이며 창조 여섯째 날에는 아담과 하와만 창조되었고 이 사역은 창세기 2장에 나와 있는 특별한 과정을 통한 것이다.

2. 창세기 1장의 남자와 여자는 아담과 하와이며 많은 남녀 쌍들도 같이 창조되었고 모두 창세기 2장에 나와 있는 아담과 같은 특별한 과정을 통한 것이다.

3. 창세기 1장의 남자와 여자는 아담과 하와이며 이 둘은 창세기 2장에 나와 있는 특별한 과정을 통하여 창조되었고 이 와는 별도로 다른 많은 남녀 쌍들은 말씀을 통해 창조되었다.

4. 창세기 1장의 남자와 여자는 아담과 하와가 아니며 다른 많은 남녀 쌍들이 말씀을 통해 창조되었다. 아담과 하와는 이후 창세기2 장에서 특별한 과정을 통해 창조되었다.

5. 창세기 1장의 남자는 아담이며 아담은 첫 남자이고 창세기 2장에 나와 있는 특별한 과정을 통해 창조되었다. 하지만 창세기 1장의 여자는 하와가 아니다. 창세기 1장에서 아담과 같이 다른 남녀 쌍들이 말씀을 통해 같이 창조되었다. 하와는 창세기 2장에서 창조된다.

그렇다면 다음과 같은 일련의 사건 배치들이 가능하다. 사탄은 창조주간이 끝나자마자 하나님의 창조 섭리를 거스르기 시작했고 하와를 만나러 오기 전에 뱀을 간교함에 빠지게 하는데 성공한다. 다만 천지 창조와 사탄이 하나님께 반역한 것 중 어느 것이 먼저인지는 알 수 없다. 즉 천지 창조 – 사탄이 반역 – 사탄이 천지와 만물의 창조 섭리를 거스르기 시작 순서 일 수도 있고 사탄이 반역 – 천지 창조 – 사탄이 천지와 만물의 창조 섭리를 거스르기 시작 순서 일 수도 있다.

에덴 동산의 경계 바깥은 이제 막 사탄이 활동하고 있는 장소일 수도 있고 아니면 거의 다 사탄의 수중에 빠진 장소일 수도 있다. 하지만 아직 하나님께서 특별히 만드신 아담과 하와는 에덴 동산에서 건재하다. 경우의 수 2에서 5까지의 많은 남녀 쌍들은 사탄의 꾐에 아직 넘어가지 않았을 수도 있고 넘어갔을 수도 있다.

경우의 수의 내용을 에덴 동산을 중심으로 놓고 생각해 보자. 에덴 동산은 창조주간에 만들어진 것일 수도 있고 창조주간 이후에 아담을 두시기 위해 만드신 것일 수도 있다. 사탄은 창조주간이 끝나자마자 하나님의 창조 섭리를 거스르기 시작했고 이 반역행위는 에덴 동산 경계 안보다는 에덴 동산 경계 밖에서부터 행해졌을 가능성이 높다. 에덴 동산이 만들어진 때와 사탄이 활동하기 시작한 것과의 선후관계는 역시 불분명하다. 여기서 하나님께서 사람에게 하신 명령을 주목해 보자.

창 1:28

하나님이 그들에게 복을 주시며 하나님이 그들에게 이르시되 생육하고 번성하여 땅에 충만하라, 땅을 정복하라, 바다의 물고기와 하늘의 새와 땅에 움직이는 모든 생물을 다스리라 하시니라

창 2:15

여호와 하나님이 그 사람을 이끌어 에덴 동산에 두어 그것을 경작하며 지키게 하시고

창조 여섯째 날에 하나님께서는 사람에게 온 지구를 다스리라 말씀하셨으나 아담을 에덴 동산에 두신 후에는 에덴 동산을 경작하며 지키게 하신다. 두 시간대 사이에 사람들은 이미 사탄에게 상당부분 굴복하게 된 것은 아닐까? 이미 지구의 상당 지역이 (소수 지역일 수도 있다) 황폐한 것과 같은 곳이 된 것은 아닐까 생각해 본다. 여기에서 황폐했다는 것은 창조 섭리가 거슬러졌다는 것을 의미한다. 일반적으로 천국의 모습을 표현하는 것으로 여겨지는 이사야서 11장의 말씀이 당시 죄악에 빠진 지구에서 유일하게 창조 질서가 유지되어 있는 에덴 동산을 표현하는 말씀일 가능성도 있지 않을까 싶다.

사 11:6

그 때에 이리가 어린 양과 함께 살며 표범이 어린 염소와 함께 누우며 송아지와 어린 사자와 살진 짐승이 함께 있어 어린 아이에게 끌리며

사 11:7

암소와 곰이 함께 먹으며 그것들의 새끼가 함께 엎드리며 사자가 소처럼 풀을 먹을 것이며

사 11:8

젖 먹는 아이가 독사의 구멍에서 장난하며 젖 뗀 어린 아이가 독사의 굴에 손을 넣을 것이라

사 11:9

내 거룩한 산 모든 곳에서 해 됨도 없고 상함도 없을 것이니 이는 물이 바다를 덮음 같이 여호와를 아는 지식이 세상에 충만할 것임이니라

그렇다면, 에덴 동산 경계 밖에서는 이리가 어린 양을 잡아먹고 표범은 어린 염소를 잡아먹고 어린 사자는 송아지와 살진 짐승, 어린 아이를 잡아먹고, 곰은 암소를 먹는 곳이 되어버린 것은 아닐까? 사탄은 비교적 쉬운 대상들인 동물들을 악에 물들게 한 후 최종적으로 하나님께서 특별히 지으신 존재인 아담과 하와를 넘어뜨리기 위해 다가온 것일지도 모른다. 비교적 쉬운 대상으로 동물들

을 언급하였지만 더 쉬운 대상으로는 단세포 동물들을 생각해 볼 수도 있다. 혹시 현재 우리가 병균이라 부르는 세포나 아니면 바이러스 등도 사탄이 악에 물들게 한 것일지도 모른다. 세포나 바이러스가 창조되었을 당시부터 병과 관련되었다고 생각하기는 어렵기 때문이다. 병과 관련되었다는 것은 창조질서가 어그러진 것이라 볼 수 있다.

에덴 동산에서
무슨 일이
일어났을까?

What might happen in the garden of Eden?

09

뱀의 유혹은 어떠하였고 **하와**는 어떻게 받아들였을까

이제 뱀은 하와에게 하나님의 창조 섭리를 무너뜨리기 위해 준비하고 또 준비해왔던 질문을 묻기 시작한다. 아마 때와 장소도 자신의 계략에 최적인 곳을 골랐을 것이다. 아쉽지만 때와 장소에 관해 의심의 여지가 없는 상세한 설명은 성경에 나와 있지 않다.

뱀의 크기는 어떠했을까? 실뱀 정도였을까, 사람만한 크기였을까, 아니면 동화 속의 용과 같은 정도의 크기였을까? 뱀의 생김새는 어떠했을까? 보기에 화려했을 수도 있고, 아니면 귀여운 모습일 수도 있다. 짐작컨대 사탄은 하와에게 접근하기 가장 용이한 모습을 취했을 것이다. 뱀의 크기에 대해서는 추후 다시 생각해 보자.

우선적으로 생각할 것은 하와가 아담과 같이 있었을 때를 뱀이 골랐을 것인가 아닌 가이다. 하와가 그 열매를 따먹고 자기와 함께 있는 남편에게 주었다고만 서술되어 있어서, 뱀에게 유혹 받았을 때 아담도 같이 있었는지, 아니면 유혹을 받을 때는 같이 있지 않았는데 열매를 딸 때는 같이 있었는지, 이도 아니면 열매를 따 먹을 때까지는 같이 있지 않았는데 따 먹은 후 아담에게 주었는지 특정할 수는 없다.

창 3:6

여자가 그 나무를 본즉 먹음직도 하고 보암직도 하고 지혜롭게 할 만큼 탐스럽기도 한 나무인지라 여자가 그 열매를 따먹고 자기와 함께 있는 남편에게도 주매 그도 먹은지라

다만 창세기 3장 1절에서 5절까지에 이르는 뱀과 하와의 대화 중 아담이 등장하지 않는 것을 보면, 아담과 하와가 같이 있기는 했는데 아담은 듣고만 있었다 라고 생각하기에는 약간 무리가 따를 수 있다.

유혹을 받은 장소도 마찬가지이다. 마침 동산 중앙에 있을 때에 뱀에게 유혹을 받았는지 아니면 다른 장소에서 유혹을 받고 하와가 동산 중앙으로 이동했는지는 알 수 없다. 즉 창세기 3장 5절과 6절 사이에 시간 및 장소의 간격이 어느 정도 있는지는 확실하지 않다.

창 3:5

너희가 그것을 먹는 날에는 너희 눈이 밝아져 하나님과 같이 되어 선악을 알 줄 하나님이 아심이니라

창 3:6

여자가 그 나무를 본즉 먹음직도 하고 보암직도 하고 지혜롭게 할 만큼 탐스럽기도 한 나무인지라 여자가 그 열매를 따먹고 자기와 함께 있는 남편에게도 주매 그도 먹은지라

뱀이 하와를 유혹할 때 하나님의 말씀을 교묘하게 뒤트는 모습을 볼 수 있다.

창 2:17

선악을 알게 하는 나무의 열매는 먹지 말라 네가 먹는 날에는 반드시 죽으리라 하시니라

창 3:1

그런데 뱀은 여호와 하나님이 지으신 들짐승 중에 가장 간교하니라 뱀이 여자에게 물어 이르되 하나님이 참으로 너희에게 동산 모든 나무의 열매를 먹지 말라 하시더냐

즉, '선악을 알게 하는 나무의 열매'가 '동산 모든 나무의 열매'로 바뀌었다. 이렇게 하나님의 말씀을 언급하며 교묘하게 뒤트는 모습을 보니 사탄이 40일 동안 광야에서 금식기도를 마치신 예수님을 시험하는 모습을 떠올리게 한다.

마 4:6

이르되 네가 만일 하나님의 아들이어든 뛰어내리라 기록되었으되 그가 너를 위하여 그의 사자들을 명하시리니 그들이 손으로 너를 받들어 발이 돌에 부딪치지 않게 하리로다 하였느니라

눅 4:10

기록되었으되 하나님이 너를 위하여 그 사자들을 명하사 너를 지키게 하시리라 하였고

눅 4:11

또한 그들이 손으로 너를 받들어 네 발이 돌에 부딪치지 않게 하시리라 하였느니라

이렇게 사탄은 심지어 예수님께도 하나님의 말씀을 언급하며 시험하는 것을 볼 수 있다. 사탄은 하나님께서 아담에게 선악을 아는 나무에 관해 하신 말씀을 모른 상태에서 하와에게 이런 말로 접근하였을까? 아니면 사탄은 하나님께서 아담에게 선악을 아는 나무에 관해 말씀을 하실 때 그것을 몰래 숨어서 엿듣고 있었을까? 아니면 하나님의 말씀은 선포되는 것이므로 천지간에 숨겨질 수가 없고 하나님께서 말씀하시는 순간 영적인 존재는 모두 알게 되는 것일까? 하나님께서 아담에게 선악을 아는 나무에 관해 하신 말씀을 사탄이 몰랐다면 동산 모든 나무의 열매를 먹지 말라는 것으로 시작하는 방법을 택하지는 않을 가능성이 높아 보인다.

사탄이 선악을 아는 나무에 관한 말씀을 아는 또 다른 방식이 있다. 하나님께서 아담에게 말씀하실 때에 사탄도 알게 되는 방식이 아니어도 가능한 경우이다. 아담이 혼자서 선악을 아는 나무에 관한 말씀을 소리 내서 되새기고 있을 때 들었던지, 아담이 하와에

게 그 말씀을 전할 때 들었던지, 아니면 하와가 혼자서 선악을 아는 나무에 관한 말씀을 소리 내서 되새기고 있을 때 들었을 수도 있다. 아담이 동물과 언어로 교감했을 가능성에 대해서도 앞에서 고려해 보았는데 그렇다면 아담이나 혹은 하와가 동물들에게 선악을 아는 나무에 관한 말씀을 얘기했을 때 엿들었을 수도 있다. 만약 사탄이 뱀의 형태로 아담이나 하와와 이전부터 (창세기에는 적혀 있지 않은) 교류가 있었다고 한다면 아담이나 하와가 사탄에게 일러주게 된 꼴일 수도 있다. 그렇다고 한다면 사탄은 아담과 하와를 넘어뜨리기 위해 미리미리 정보를 수집한 것이라고 할 수도 있다. 특별히 소리 내서 라는 경우라는 것을 특정하였는데 아담이나 하와가 소리 내지 않고 마음속으로 되새기고 있을 때 사탄이 그것을 알 수 있느냐 하는 경우에 대해서는 고려하지 않았다.

하와가 뱀과 처음 접촉했던 것은 언제일까? 뱀과 하와의 대화가 창세기에 기록된 것보다 더 많이 있었을 가능성도 있다. 창세기 3장 1절에 언급된 뱀과 하와의 접촉이 처음 접촉이 아니라 오히려 뱀이 하와를 유혹하기 위해 상당 기간 동안 여러 번 만나 친분을 나누면서 때를 보다가 결정타를 날린 것일 수도 있다는 것이다. 에덴 동산에 있던 동물들은 아담과 하와와 친분이 좋았을 것이므로 뱀도 하와와 친분이 좋았을 것이며 심지어 아담과도 친분이 있었을 것이다. 사탄은 어느 시점에 뱀을 조종하여 하와를 유혹하는데 성공했을 가능성이 높다. 사탄이 뱀 모습을 흉내 내어 나타났을 수도 있다. 아니면 사탄 자신이 뱀일 수도 있다.

그렇다면 사탄이 조종하는 뱀 (아니면 사탄 자신)이 어떻게 에덴 동산 안에 있을 수 있느냐 하는 문제가 생긴다. 에덴 동산에는 선한 것만 있어야 하는데 어떻게 악한 것이 에덴 동산에 있을 수 있느냐 하는 것이다. 이에 대한 단서라고 생각되는 것을 욥기서에서 발견할 수 있다. 욥기를 보면 사탄이 하나님 앞에 서 있는 것을 볼 수 있다.

욥 1:6

하루는 하나님의 아들들이 와서 여호와 앞에 섰고 사탄도 그들 가운데에 온지라

그렇다면 하나님 앞에도 서 있을 수 있는 사탄이 에덴 동산 안에 들어가 뱀을 조종하거나 아니면 자신이 뱀 흉내를 내는 것은 문제가 되지 않을 것 같다. (이렇게 되면 에덴 동산에는 선한 것만 있어야 한다는 가정은 부정되는 셈이다.) 뱀을 실제적인 존재가 아니라 하와의 마음이나 생각에 존재하는 환영 같은 존재로 보는 시각도 있을 수 있으나 개인적으로 그럴 가능성은 떨어진다고 생각한다.

뱀이 하와에게 하는 말을 좀 더 살펴보자.

창 2:17

선악을 알게 하는 나무의 열매는 먹지 말라 네가 먹는 날에는 반드시 죽으리라 하시니라

창 3:1

그런데 뱀은 여호와 하나님이 지으신 들짐승 중에 가장 간교하니라 뱀이 여자에게 물어 이르되 하나님이 참으로 너희에게 동산 모든 나무의 열매를 먹지 말라 하시더냐

뱀은 하와에게 '너희'라는 말을 사용한다. 하나님의 말씀을 보면 '네가' 라고 되어 있으며 이는 아담을 의미하는 것이 확실하다. 하와는 2장 22절에서 창조되며 하와 창조가 시간적으로 훗날의 일이기 때문이다. 즉, 아담에게 선악을 알게 하는 나무의 열매를 먹지 말라고 한 것이 하와 창조보다 앞선 일이다. 아담은 선악을 알게 하는 나무의 열매를 먹는 날에는 반드시 죽는다. 하지만 하와는 어떨까? 하와도 선악을 알게 하는 나무의 열매를 먹는다면 반드시 죽을까 그렇지는 않을까? 하와는 선악을 알게 하는 나무의 열매에 관한 말씀과 관계가 있는 인물이라고 해야 할까? 만약 아담이 하와가 준 선악을 알게 하는 나무의 열매를 먹지 않았다면 후에 아담을 제외하고 하와에게만 벌이 내려졌을까 아니면 그렇지 않았을까? 이 질문들에 대한 대답을 확실하게 알기는 어렵다. 다만 아담과 하와가 선악을 알게 하는 나무의 열매를 먹은 이후에 하나님께서 오셔서 말씀하시는 내용을 살펴볼 때, 하와는 선악을 알게 하는 나무의 열매 금지에 관한 말씀과 관계가 없는 인물인 것이 아닐까라고 생각하게 하는 부분이 있다.

창 3:14
여호와 하나님이 뱀에게 이르시되 네가 이렇게 하였으니 네가 모든 가축과 들의 모든 짐승보다 더욱 저주를 받아 배로 다니고 살아 있는 동안 흙을 먹을지니라

창 3:15
내가 너로 여자와 원수가 되게 하고 네 후손도 여자의 후손과 원수가 되게 하리니 여자의 후손은 네 머리를 상하게 할 것이요 너는 그의 발꿈치를 상하게 할 것이니라 하시고

창 3:16
또 여자에게 이르시되 내가 네게 임신하는 고통을 크게 더하리니 네가 수고하고 자식을 낳을 것이며 너는 남편을 원하고 남편은 너를 다스릴 것이니라 하시고

창 3:17
아담에게 이르시되 네가 네 아내의 말을 듣고 내가 네게 먹지 말라 한 나무의 열매를 먹었은즉 땅은 너로 말미암아 저주를 받고 너는 네 평생에 수고하여야 그 소산을 먹으리라

아담에게는 '내가 네게 먹지 말라 한' 이라는 말씀을 하셨다. 하지만 뱀이나 하와에게는 그런 부분이 없다. 즉, 하나님께서 뱀이나 하와에게 금지한 행동을 뱀이나 하와가 했다는 것을 의미하는 말씀은 없다. (다만 뱀에게는 네가 이렇게 하였으니 라는 말씀은 있다.) 그렇

다면 하와 입장에서는 억울한 것이 아니냐고 항변할 수도 있다. 뱀 역시도 억울하다고 항변할 수 있어 보인다.

하지만, 피조물로써는 창조주가 하신 말씀을 지키는 것만이 전부가 아니라 창조주의 마음을 옳게 헤아리는 것이 당연하다. 이것은 욥이 고난을 당할 때 욥의 친구들이 와서 욥에게 이야기 한 내용을 하나님께서 옳지 않다고 하신 것을 보아 알 수 있다.

욥 42:7

여호와께서 욥에게 이 말씀을 하신 후에 여호와께서 데만 사람 엘리바스에게 이르시되 내가 너와 네 두 친구에게 노하나니 이는 너희가 나를 가리켜 말한 것이 내 종 욥의 말 같이 옳지 못함이니라

욥 42:8

그런즉 너희는 수소 일곱과 숫양 일곱을 가지고 내 종 욥에게 가서 너희를 위하여 번제를 드리라 내 종 욥이 너희를 위하여 기도할 것인즉 내가 그를 기쁘게 받으리니 너희가 우매한 만큼 너희에게 갚지 아니하리라 이는 너희가 나를 가리켜 말한 것이 내 종 욥의 말 같이 옳지 못함이라

또한, 피조물로써는 창조주의 뜻을 전부 헤아릴 수 없으며 하나님의 뜻은 항상 옳다는 생각을 견지해야 한다.

요 9:1

예수께서 길을 가실 때에 날 때부터 맹인 된 사람을 보신지라

요 9:2

제자들이 물어 이르되 랍비여 이 사람이 맹인으로 난 것이 누구의 죄로 인함이니이까 자기니이까 그의 부모니이까

요 9:3

예수께서 대답하시되 이 사람이나 그 부모의 죄로 인한 것이 아니라 그에게서 하나님이 하시는 일을 나타내고자 하심이라

롬 9:21

토기장이가 진흙 한 덩이로 하나는 귀히 쓸 그릇을, 하나는 천히 쓸 그릇을 만들 권한이 없느냐

욥 40:8

네가 내 공의를 부인하려느냐 네 의를 세우려고 나를 악하다 하겠느냐

게다가 하나님께서 모세에게 말씀하신 것 중에 아내의 서원이나 아내가 결심한 서약은 남편이 책임을 지게 하신 내용이 있는데 이를 보아 하와가 아담에게 선악을 알게 하는 나무의 열매를 먹을 것을 권하였을 때 만약 아담이 그것을 먹지 않았더라면 하나님께서는 하와가 선악을 알게 하는 나무의 열매를 먹은 것을 죄로 여기지는 않으셨을 수도 있겠다는 생각이 든다.

민 30:6

또 혹시 남편을 맞을 때에 서원이나 결심한 서약을 경솔하게 그의 입술로 말하였으면

민 30:7

그의 남편이 그것을 듣고 그 듣는 날에 그에게 아무 말이 없으면 그 서원을 이행할 것이요 그가 결심한 서약을 지킬 것이니라

민 30:8

그러나 그의 남편이 그것을 듣는 날에 허락하지 아니하면 그 서원과 결심하려고 경솔하게 입술로 말한 서약은 무효가 될 것이니 여호와께서 그 여자를 사하시리라

로마서에서 예수님과 아담을 함께 언급한 부분에서도 단서를 얻을 수 있다.

롬 5:12

그러므로 한 사람으로 말미암아 죄가 세상에 들어오고 죄로 말미암아 사망이 들어왔나니 이와 같이 모든 사람이 죄를 지었으므로 사망이 모든 사람에게 이르렀느니라

롬 5:14

그러나 아담으로부터 모세까지 아담의 범죄와 같은 죄를 짓지 아니한 자들까지도 사망이 왕 노릇 하였나니 아담은 오실 자의 모형이라

롬 5:19

한 사람이 순종하지 아니함으로 많은 사람이 죄인 된 것 같이
한 사람이 순종하심으로 많은 사람이 의인이 되리라

한 사람과 아담이라는 단어를 볼 수 있는데 한 사람은 아담일 수도 있고 아니면 하와일 수도 있다. 만약 한 사람이 아담을 뜻하는 말이라고 생각하고 하와는 선악을 알게 하는 나무의 열매를 먹었지만 아담만큼은 선악을 알게 하는 나무의 열매를 먹지 말라는 하나님의 말씀에 순종하였다면, 한 사람(아담)으로 말미암아 죄가 세상에 들어오지는 못하지 않았을까 추측해 볼 수도 있다. 만약 한 사람이 하와를 뜻하는 말이라고 한다면 14절에 나오는 아담과 매치되지 않으므로 이상해 보인다. 하지만 하와로 인해 아담이 죄를 저지른 것은 맞기 때문에 12절을 '한 사람(하와)으로 (아담이 범죄하게 되면서) 말미암아' 라고 해석해도 인과관계에 큰 무리가 따르지 않을 수는 있다.

이제 뱀의 원래 의도는 하와가 선악을 알게 하는 나무의 열매를 따먹게 하는 것만이 아니라 이를 통해 아담이 선악을 알게 하는 나무의 열매를 먹게 하는 것이라 생각해 볼 수 있다. 사실 하와는 목적을 이루려는 수단이었으며, 하와가 선악을 알게 하는 나무의 열매를 따먹는 것은 그 자체가 하나님의 명령을 어기는 것은 아니지만 하나님의 창조 섭리를 무너뜨리려는 과정의 중간 단계라는 것

이다. 사랑하는 존재를 통해 인간을 유혹하는 사탄의 모습은 고금을 막론하고 여전히 효과적인 것을 보며 통탄을 금할 수가 없다. 또한 욥의 온전함을 다시금 떠올리게 된다.

욥 2:9
그의 아내가 그에게 이르되 당신이 그래도 자기의 온전함을 굳게 지키느냐 하나님을 욕하고 죽으라

욥 2:10
그가 이르되 그대의 말이 한 어리석은 여자의 말 같도다 우리가 하나님께 복을 받았은 즉 화도 받지 아니하겠느냐 하고 이 모든 일에 욥이 입술로 범죄하지 아니하니라

하와는 하나님께서 선악을 알게 하는 나무의 열매를 금하신 직접적인 대상은 아니었을 수 있으나 아담은 하와에게 선악을 알게 하는 나무의 열매를 금지시켰을 수도 있다. 자신도 먹지 말고 하와도 먹지 말자는 것처럼 말이다. 이는 하와가 '너희는' 이라는 단어를 사용한 것을 보아 유추할 수 있다. 게다가 하와는 죽음이라는 것에 대해서도 경계심을 가지고 있는 것을 알 수 있다.

창 3:3
동산 중앙에 있는 나무의 열매는 하나님의 말씀에 너희는 먹지도 말고 만지지도 말라 너희가 죽을까 하노라 하셨느니라

밤에게 유혹을 받았을 당시 시간과 장소가 어떠했는지는 알 수 없지만 이제 하와는 선악을 알게 하는 나무 앞에 서서 나무를 보게 된다.

창 3:6

여자가 그 나무를 본즉 먹음직도 하고 보암직도 하고 지혜롭게 할 만큼 탐스럽기도 한 나무인지라 여자가 그 열매를 따먹고 자기와 함께 있는 남편에게도 주매 그도 먹은지라

하와에게 선악을 알게 하는 나무는 먹음직도 하고 보암직도 하고 지혜롭게 할 만큼 탐스럽기도 해 보였다. 특이한 점은 선악을 알게 하는 나무의 '열매'라고 적혀있지는 않다는 것이다. 선악을 알게 하는 나무의 열매를 보고 그렇게 생각한 것이겠지만 희박하게도 나무 자체 (또는 잎)가 그렇게 보였을 가능성도 배제할 수는 없다. 뱀에게 유혹 받은 장소와 선악을 알게 하는 나무의 장소는 꽤 떨어져 있었는데 뱀에게 유혹은 받은 후 멀리서 나무를 보니 그렇게 보인 것이었을까? 멀리서 보면 열매가 잘 보이지 않았을 테니 말이다.

그렇다면 하와는 선악을 알게 하는 나무를 뱀에게 유혹 받기 전에는 본 적이 없었을까? 아담이 하와에게 선악을 알게 하는 나무의 열매를 먹지 말라고 주의시키면서 선악을 알게 하는 나무가 어디에 있는 어떤 나무인지 알려주지 않았을 가능성은 적다. 더욱이 생명 나무와 혼동하지 않으려면 정확히 어떤 나무가 어떤 나무인

지 알려주어야 했을 것이다. 그렇다면 뱀에게 유혹을 받기 전에는 선악을 알게 하는 나무가 하와에게 어떻게 보였을까? 뱀에게 유혹을 받기 전 후로 나무의 생김새가 달라 보이게 된 것일까? 아니면 아담은 하와가 선악을 알게 하는 나무 근처에 가는 것 자체를 막아서 그 나무를 가까이서 본 적은 없었을까? 만약 그랬다면 하와는 (아담이 근처에도 가지 말라고 했던) 선악을 알게 하는 나무 근처로 가면서 어떤 생각을 하였을까? 어쩌면 하와는 선악을 알게 하는 나무가 너무나 궁금한 나머지 그 나무에 가까이 가게 되었고 그 때를 노리고 있던 뱀이 하와를 유혹하기 시작한 것일까? 모두 가능성이 있는 상상이다.

선악을 알게 하는 나무의 크기나 둘레, 열매가 열리는 높이, 다른 나무와의 위치적인 관계 등은 모두 알 수 없다. 만약 열매가 높이 매달려 있어 (예, 야자나무) 하와가 나무를 타고 올라가야만 열매를 따먹을 수 있었다면 하와는 나무를 타고 올라가는 수고를 했을까? 혹시 열매의 껍질이 보기와는 달리 두꺼워서 한 입 베어 무는 것이 너무 어려웠다면 어땠을까? 근처에 있는 돌로 껍질을 힘들게 깬 후에 먹었을까? 이 역시 알 수는 없다.

다만, 하와가 나무를 보고 열매를 따기 까지 약간의 시간이 필요했다고 생각할 수는 있다.

창 3:6

여자가 그 나무를 본즉 먹음직도 하고 보암직도 하고 지혜롭게 할 만큼 탐스럽기도 한 나무인지라 여자가 그 열매를 따먹고 자기와 함께 있는 남편에게도 주매 그도 먹은지라

하와가 선악을 알게 하는 나무를 보고 '먹음직도 하고 보암직도 하고 지혜롭게 할 만큼 탐스럽기도 한 나무'라 생각한다. 하와가 이 모든 생각을 찰나의 시간 동안에 했다고 하기에는 무리가 따르지 않을까 싶다.

우선 생각의 종류가 세 가지이다. 먹음직도 하고 보암직도 하다는 동시에 할 수 있어 보이지만 지혜롭게 할 만큼 탐스럽기도 하다는 생각까지 동시에 하는 것은 어려워 보인다. 특히 지혜롭게 할 만큼이라는 부분에는 좀 더 주목해 볼 여지가 있다.

우선, 먹음직도 하다는 것을 보아 하와는 먹고 싶다는 것을 느낄 수 있는 즉, 하와에게는 어떤 식으로든 식욕이 있었다는 것을 알 수 있다. (이것이 꼭 하와가 식탐이 많다는 것을 의미하지는 않는다. 또한, 에덴 동산이 배고픈 곳이라는 것을 의미하지도 않는다.) 현대말로 하자면 하와는 식도락을 즐길 수 있는 존재였으리라 생각해 본다. 보암직도 하다는 것을 보면 하와는 시각적으로 미적인 대상도 음미할 수 있는 존재였을 것이다. 에덴 동산에는 이미 보기에 아름답고 먹기에 좋은 나무가 나고 있었으므로 여기까지는 당연하다고 할 수 있다.

창 2:9

여호와 하나님이 그 땅에서 보기에 아름답고 먹기에 좋은 나무가 나게 하시니 동산 가운데에는 생명 나무와 선악을 알게 하는 나무도 있더라

그런데 하와는 하나를 덧붙여 지혜롭게 할 만큼 탐스럽기도 한 나무라고 생각한다. 이는 하와가 지혜라는 것을 원하는 존재임을 의미한다. 하와 옆에 지혜 있는 존재라 한다면 우선적으로 남편인 아담을 생각해 볼 수 있다. 하와는 자신의 남편인 아담을 부러워했을 수도 있다. 더 나아가서는 천사나 하나님을 부러워했을 수도 있다.

그렇다면 뱀이 하와를 유혹하는 내용 중 일부가 매우 정확히 하와를 겨냥한 것이었다는 생각을 금하지 못하게 된다. 뱀이 하와를 유혹하는 내용을 보면 '하나님과 같이 되어 선악을 알 줄' 이라는 내용이 있다. 하와는 선악을 아는 것을 지혜 있는 것이라 생각한 것은 아니었을까?

창 3:5

너희가 그것을 먹는 날에는 너희 눈이 밝아져 하나님과 같이 되어 선악을 알 줄 하나님이 아심이니라

앞에서, 아담이 선지자와 왕과 제사장의 역할을 했을 가능성을 언급한 적이 있다. 뱀은 하와에게 선악을 아는 것을 가지고 꾀어냈

는데 이 선악을 아는 것이 어떤 일에 판단을 내리는 왕의 역할을 넌지시 내포하고 있고 하와가 그것을 부러워하고 있던 것은 아닐까 생각해 본다. 뱀이 하와를 유혹한 다른 내용인 죽음에 관한 것도 하와가 염려하던 것을 정확히 겨냥한 것이 아니었을까?

창 3:4

뱀이 여자에게 이르되 너희가 결코 죽지 아니하리라

즉, 하와는 죽음에 대한 두려움을 가졌을 수 있는데 사탄은 그 점을 파고들면서 죽지 않을 것이라고 한 것이다.

다시 앞으로 돌아가서, 하와가 지혜를 원하는 존재였다는 것은 하와는 자신이 모든 것을 알고 있거나 할 수 있지는 않다는 것을 자각하고 있다는 의미이다. 이는 아담도 마찬가지였을 것이다. 하나님께서 아담에게 명령하신 것 중 에덴 동산을 경작하며 지키는 것이 있는데 경작하는 것과 지키는 방법, 즉 관련 지식은 하나님께서 (또는 천사를 통해) 아담에게 알려주셨을 가능성이 높다. 또한, 아담은 모든 짐승에게 이름을 주었는데 이것을 보아 아담이 언어에 대한 지식이 있었음을 알 수 있다. 이는 아담이 하와와 더 나아가 하나님과 대화를 한 것을 보면 더욱 명확해진다.

하와도 언어뿐만 아니라 생활하면서 깨닫게 되는 지혜 및 지식이 있었을 것이다. 더욱이 하와는 (아담과 비교해 볼 때) 자신의 한계를 알았고 그것을 극복하고 싶어 했을 가능성이 높았을 것이라 생각할 수 있다. 게다가 하와는 에덴 동산 안의 동물들과도 함께 지냈을 텐데 사람과 대비되는 동물들의 한계를 분명히 인지했을 것이다. 지혜롭게 할 만큼 이라는 것은 하와 본인이 현재 지혜가 없어서 지혜를 얻기 위해서라기보다는 현재보다 더 지혜로운 존재가 되고 싶어서라는 것을 의미하는 것이라 생각하는 것이 타당하다. 더 지혜로운 존재의 방향은 자연스럽게 자신보다 먼저 있던 존재이며 자신을 가르쳤을 아담, 아니면 천사나, 더 나아가서는 아담과 자신을 만드신 하나님을 향하게 되었을 것이다.

그렇다면 하와가 하나님께 부러움이나 아니면 시기라고 할 만한 감정을 어느 정도는 가지고 있었던 것일까? 3장 5절에 나오는 뱀의 유혹을 보면 '하나님과 같이 되어' 라는 표현이 있어 너무나 정곡을 찌르는 것임을 알게 된다.

창 3:5

너희가 그것을 먹는 날에는 너희 눈이 밝아져 하나님과 같이 되어 선악을 알 줄 하나님이 아심이니라

뱀이 하와를 유혹할 때, 선악을 알게 하는 나무의 열매를 따먹은 후에 대한 내용은 크게 2가지이다. 1. 결코 죽지 않는다는 것과 2. 눈이 밝아져 하나님과 같이 되어 선악을 알게 된다는 것이다.

창 3:4

뱀이 여자에게 이르되 너희가 결코 죽지 아니하리라

창 3:5

너희가 그것을 먹는 날에는 너희 눈이 밝아져 하나님과 같이 되어 선악을 알 줄 하나님이 아심이니라

뱀은 하와에게 거짓을 말한 것일까? 결코 죽지 않는다는 것을 육신에 한정해서 생각하더라도 기간을 한정해서 말하지는 않았기 때문에 결국 뱀은 거짓을 말한 것이 된다. 선악을 알게 하는 나무의 열매를 따먹은 행동의 결과로 하와는 언젠가는 죽게 될 것이기 때문이다. 하지만 정말 거짓을 말한 것인가에 대해서는 조금 더 고려해 볼 사항이 있기는 하다. 하와가 죽지 않는 사탄 나름대로의 다른 방법을 준비한 경우인데, 선악을 알게 하는 나무 옆에 있는 생명 나무의 열매를 먹는 방법이라든지 아니면 다른 방법을 준비해 놓는 경우이다. 예를 들면, 하와가 선악을 알게 하는 나무의 열매를 먹고 죽을 것 같으면 뱀이 빨리 생명 나무의 열매를 따서 하와에게 먹이려고 했다는 것처럼 말이다. (만약 하와가 즉사하면 자기(뱀)는 하와에게 생명 나무 열매를 따서 먹이려고 했다고 우겨보기는 할 것이다.) 또다른 것으로 가능성은 매우 낮아 보이지만, 하나님께서 하와와 (아담을) 대속하실 것임을 사탄이 이미 알고있는 경우이다. 만약 그렇다면 '죽지 아니

하리라'고 한 것은 뱀이 자신(뱀)의 계획이 결국 실패할 것임을 알고 있는 상태에서 말하게 되는 셈이라서 자조적이면서도 예언적인 성격이 있다고 할 수 있다. 즉, 사탄은 사람을 죽이려는 계획이 종국에는 실패한다는 것을 이미 알면서도 시행하고 있다는 뜻이 된다. 만약 그렇다고 할 경우 사탄은 실패할 계획에 왜 그렇게 열심을 내는가 라는 문제를 고민해 볼 수도 있으나 이에 대해서는 다루지 않기로 한다.

하와는 이에 대해 어떻게 생각했을까? 선악을 알게 하는 나무의 열매를 따먹는 즉시 육신이 죽는다고 생각했을까? 열매를 따 먹자마자 죽지는 않았기 때문에 하와는 죽음에 대해서는 뱀이 거짓을 말한 것이 아니었구나 라고 생각했을 수도 있을 것 같다.

하와는 하나님과 같이 되기를 내심 기대했을 수도 있다. 이와 관련해 뱀이 한 말은 두 가지 방향으로 해석할 수 있다. 하나는 하나님과 같이 되는 것 그 자체이다. 이는 하와가 바라는 내용이었을 수 있다. 다른 하나는 하나님과 같이 되는 것의 일부를 이룬다는 것이다. 눈이 밝아지는 것은 하나님과 같이 되는 것의 일부라는 뜻이다. 뱀이 자신은 후자를 뜻했다고 주장한다면 이 부분에 관해서는 뱀이 무조건 거짓을 말한 것이라고 하기는 어려울 수도 있다.

또 한 가지 주목할 것은 뱀이 하와에게 선악을 알게 하는 나무의 열매를 따먹으라고 하지는 않았다는 것이다. 단지, 선악을 알게 하는 나무의 열매는 어떠하다는 것만 말했을 뿐이다. (뱀이 먼저 선악을 알게 하는 나무의 열매를 먹었을 가능성을 배제할 수는 없으나 성경에 언급되어 있지는 않으므로 논하지 않기로 한다.)

창 3:1

그런데 뱀은 여호와 하나님이 지으신 들짐승 중에 가장 간교하니라 뱀이 여자에게 물어 이르되 하나님이 참으로 너희에게 동산 모든 나무의 열매를 먹지 말라 하시더냐

창 3:4

뱀이 여자에게 이르되 너희가 결코 죽지 아니하리라

창 3:5

너희가 그것을 먹는 날에는 너희 눈이 밝아져 하나님과 같이 되어 선악을 알 줄 하나님이 아심이니라

하지만, 하와는 선악을 알게 하는 나무의 열매를 먹지 말아야 한다는 것을 알고 있었음에도 불구하고 결국에는 따먹게 된다. 뱀이 따 먹으라고 협박 한 것도 아닌데 따 먹은 것이다. 요새말로 한다면 누칼협도 아닌데 말이다. (이에 관해 상대적인 금기에 대한 반복되는 경험이 절대적인 금기에 대한 역치 또한 낮추었을 가능성이 있음을 앞에서 다룬 바 있다.) 다음과 같은 경우를 생각해 보자.

A : 아이야, 부모님께서 사탕 먹지 말라고 하셨니?

B : 네.

A : 사탕 진짜 달고 맛있는데….

B : 진짜요?

그리고 B는 집에 가서 부엌에 있는 사탕을 먹었다. 이 때, A의 책임 여부는 어느 정도일까? 상당한 논란이 예상된다.

사탄의 의도가 아담을 죽이려 한 것임은 분명하다. 사탄은 처음부터 살인한 자이기 때문이다.

> **요 8:44**
>
> 너희는 너희 아비 마귀에게서 났으니 너희 아비의 욕심대로 너희도 행하고자 하느니라 그는 처음부터 살인한 자요 진리가 그 속에 없으므로 진리에 서지 못하고 거짓을 말할 때마다 제 것으로 말하나니 이는 그가 거짓말쟁이요 거짓의 아비가 되었음이라

사탄은 아담을 죽이면 자신이 이길 것이라고 생각했을까? 흡사 예수님을 죽이면 자신이 이길 것이라고 생각하는 것과 비슷해 보인다. 그렇다면 사탄은 사망이 최종적이며 불가역적인 것이라고 생각했을 가능성이 높다.

이야기가 다른 곳으로 이어지지만 사탄의 이러한 생각은 아브라함과 대조되는 것이다.

> **히 11:17**
>
> 아브라함은 시험을 받을 때에 믿음으로 이삭을 드렸으니 그는 약속들을 받은 자로되 그 외아들을 드렸느니라
>
> **히 11:18**
>
> 그에게 이미 말씀하시기를 네 자손이라 칭할 자는 이삭으로 말미암으리라 하셨으니

히 11:19

그가 하나님이 능히 이삭을 죽은 자 가운데서 다시 살리실 줄로 생각한지라 비유컨대 그를 죽은 자 가운데서 도로 받은 것이니라

아브라함은 하나님께서 이삭을 다시 살려주실 것으로 믿었다. 창세기만 한정적으로 찾아본다면 하나님께서 아담에게 사망에 관해서 말씀하신 이후 누군가를 죽음에서 다시 살려주시겠다는 말씀을 하신 적은 없다. 그런데도 아브라함은 하나님께서 죽은 자를 다시 살려주실 것을 믿었다. 실로, 믿음의 조상이라 불리기에 부족함이 없어 보인다. (어떻게 아브라함이 그것을 믿게 되었는지에 대해서는 논의하지 않도록 한다.)

10

유혹을 받았을 때 **하와와 아담의 시공간적 거리**는 어떠하였을까

하와가 뱀에게 유혹을 받은 후 선악을 알게 하는 나무에 이르기까지 걸린 시간은 어느 정도일까? 이 역시 특정할 수는 없다. 마침 하와가 선악을 알게 하는 나무 옆에 있었는데 뱀이 이때다 하고 유혹했을 수도 있다. 하지만 하와가 뱀에게 유혹을 받은 후 몇날 며칠 동안 혹은 더 긴 시간 동안 고민을 하다가 선악을 알게 하는 나무로 갔을 수도 있다. 하와가 유혹을 받은 시점과 나무와의 관계에 대해서 다음과 같은 경우를 생각할 수 있다.

1. 때마침 하와가 선악을 알게 하는 나무 옆에 있었는데 뱀이 유혹을 하였다.
2. 하와는 선악을 알게 하는 나무와 거리가 떨어진 곳에서 뱀에게 유혹을 받았고, 이후 선악을 알게 하는 나무에 대한 유혹

을 뿌리치지 못하여 나무로 다가갔다.

3. 하와는 선악을 알게 하는 나무와 거리가 떨어진 곳에서 뱀에게 유혹을 받았고, 이후 어떠한 계기로 선악을 알게 하는 나무를 보게 되자 잊고 있었던 유혹이 되살아나고 그것을 뿌리치지 못하게 되었다.

그런데 여기서 아담이 같이 있었는지의 여부까지 고려하면 경우의 수는 더 많아진다.

1. 때마침 하와가 선악을 알게 하는 나무 옆에 아담과 같이 있었는데 뱀이 유혹을 하였다.
2. 때마침 하와는 아담과는 떨어져 선악을 알게 하는 나무 옆에 있었는데 뱀이 유혹을 하였고 하와는 이후 아담과 만난다.
3. 하와는 선악을 알게 하는 나무와 거리가 떨어진 곳에서 뱀에게 유혹을 받았고 이후 선악을 알게 하는 나무에 대한 유혹을 뿌리치지 못하여 아담과 함께 나무로 다가갔다.
4. 하와는 선악을 알게 하는 나무와 거리가 떨어진 곳에서 뱀에게 유혹을 받았고 이후 선악을 알게 하는 나무에 대한 유혹을 뿌리치지 못하여 혼자서 나무로 다가가고 이후 아담과 만난다.
5. 하와는 선악을 알게 하는 나무와 거리가 떨어진 곳에서 뱀에게 유혹을 받았고, 이후 어떠한 계기로 아담과 함께 있을 때 선악을 알게 하는 나무를 보게 되자 잊고 있었던 유혹이 되살아나고 그것을 뿌리치지 못하게 되었다.

6. 하와는 선악을 알게 하는 나무와 거리가 떨어진 곳에서 뱀에게 유혹을 받았고, 이후 어떠한 계기로 아담과 떨어져 있을 때 선악을 알게 하는 나무를 보게 되자 잊고 있었던 유혹이 되살아나고 그것을 뿌리치지 못하게 되었으며 이후 아담을 만난다.

그런데 전술한 것과 같이 하와가 선악을 알게 하는 나무를 보고 생각한 내용을 보면 아주 적은 시간이기 보다는 꽤 긴 시간이 걸릴 수 있음을 살펴보았다. 꽤 긴 시간이라는 것은 장소의 이동까지 가능한 정도까지일 것이다. 이점까지 고민하면 더 많은 경우의 수가 생긴다.

1. 때마침 하와는 선악을 알게 하는 나무 옆에 아담과 같이 있었는데 뱀이 유혹을 하였다. 하와는 유혹을 받고 이내 선악을 알게 하는 나무를 따먹는다.

2. 때마침 하와는 선악을 알게 하는 나무 옆에 아담과 같이 있었는데 뱀이 유혹을 하였다. 하와는 유혹을 받고 고민을 하다가 선악을 알게 하는 나무를 떠나게 된다. 이후 선악을 알게 하는 나무를 따먹는다.

3. 때마침 하와는 아담과는 떨어져 선악을 알게 하는 나무 옆에 있었는데 뱀이 유혹을 하였다. 하와는 유혹을 받고 이내 선악을 알게 하는 나무를 따먹는다.

4. 때마침 하와는 아담과는 떨어져 선악을 알게 하는 나무 옆에 있었는데 뱀이 유혹을 하였다. 하와는 유혹을 받고 고민을 하다가 선악을 알게 하는 나무를 떠나게 된다. 이후 선악을 알게 하는 나무를 따먹는다.

5. 하와는 선악을 알게 하는 나무와 거리가 떨어진 곳에서 뱀에게 유혹을 받았다. 하와는 유혹을 받고 고민을 하다가 아담과 함께 나무로 다가가서 선악을 알게 하는 나무를 따먹는다.

6. 하와는 선악을 알게 하는 나무와 거리가 떨어진 곳에서 뱀에게 유혹을 받았다. 하와는 유혹을 받고 고민을 하다가 혼자서 나무로 다가가서 선악을 알게 하는 나무를 따먹는다. 이후 아담과 만난다.

7. 하와는 선악을 알게 하는 나무와 거리가 떨어진 곳에서 뱀에게 유혹을 받았다. 이후 어떠한 계기로 아담과 함께 있을 때 선악을 알게 하는 나무를 보게 되자 고민을 하지만 이내 선악을 알게 하는 나무를 따먹는다.

8. 하와는 선악을 알게 하는 나무와 거리가 떨어진 곳에서 뱀에게 유혹을 받았다. 이후 어떠한 계기로 아담과 떨어져 있을 때 선악을 알게 하는 나무를 보게 되자 고민을 하지만 이내 선악을 알게 하는 나무를 따먹는다. 이후 아담과 만난다.

그런데 성경을 보면 하와가 열매를 따먹고 자기와 함께 있는 남편에게도 주었다고 되어 있다. 아무래도 하와가 선악을 알게 하는 나무 열매를 따 먹었을 때 아담도 같이 있었을 가능성이 높아 보인다.

창 3:6

여자가 그 나무를 본즉 먹음직도 하고 보암직도 하고 지혜롭게 할 만큼 탐스럽기도 한 나무인지라 여자가 그 열매를 따먹고 자기와 함께 있는 남편에게도 주매 그도 먹은지라 물론, 자기와 함께 있는 이라는 뜻이 열매를 따 먹은 바로 그 장소라기보다는 일반적인 의미, 즉 남편이니까 함께 있는 것이라는 뜻일 수도 있다.

만약 아담이 하와의 행동을 순간순간 파악할 수 있는 정도의 거리였다면 아담은 어떻게 했을까? 당연히 아담은 하와의 행동을 바로 제지했을 것이다(물론 그냥 두고 보았을 가능성도 있기는 하다). 그렇다면 아담은 하와의 행동을 바로 제지하지 못할 정도의 거리를 두고 있었던 것일까?

앞에서 살펴본 것처럼 선악을 알게 하는 나무는 아담과 하와에게 절대적으로 금기시되는 나무였을 가능성이 높다. 금기시되는 나무가 있는 장소 또한 가까이 하기 힘들었을 것이다. 그런데 어떻게 해서 아담과 하와는 선악을 알게 하는 나무 근처에 있게 되었을까? 에덴 동산 가운데에 생명 나무와 선악을 알게 하는 나무가 같이 있었다는 것을 고려해 볼 때, 아담과 하와는 생명 나무가 있는 장소를 (당연히 선악을 알게 하는 나무가 근처에 있는 장소) 자주, 혹은 간간히라도 방문했을 가능성이 있다.

창 2:9

여호와 하나님이 그 땅에서 보기에 아름답고 먹기에 좋은 나무가 나게 하시니 동산 가운데에는 생명 나무와 선악을 알게 하는 나무도 있더라

즉, 하와가 나무 근처에 있을 때 유혹을 받았다면, 선악을 알게 하는 나무 옆에 있을 때라기보다 생명 나무 근처에 있을 때 뱀에게 유혹을 받은 것은 아닐까 하는 생각이 든다.

성경을 보면 선악을 알게 하는 나무에 대한 하와의 생각은 이렇다.

창 3:6

그 나무를 본즉 먹음직도 하고 보암직도 하고 지혜롭게 할 만큼 탐스럽기도 한 나무인지라 여자가 그 열매를 따먹고 자기와 함께 있는 남편에게도 주매 그도 먹은지라

즉, 나무의 열매가 아닌 나무가 먹음직도 하고 보암직도 하고 지혜롭게 할 만큼 탐스럽기도 하다는 것이다. (물론 나무의 열매만을 가리키는 서술일 수도 있다.) 그렇다면 생명 나무는 어떠했을까? 선악을 알게 하는 나무에 비해 모자람 없을 정도로 화려했을까? 아니면 그와는 반대로 보기 초라하고 수수한 모습이었을까? 예수님께서 하신 말씀이 떠오른다.

마 7:13

좁은 문으로 들어가라 멸망으로 인도하는 문은 크고 그 길이 넓어 그리로 들어가는 자가 많고

마 7:14

생명으로 인도하는 문은 좁고 길이 협착하여 찾는 자가 적음이라

예수님께서는 멸망으로 인도하는 문과 생명으로 인도하는 문을 대조적으로 설명하신 것을 알 수 있다. 생명 나무는 선악을 알게 하는 나무와 대조적인 모습이었을 가능성도 있어 보인다. 앞서 하와는 시각적으로 미적인 대상을 음미할 수 있는 존재일 수 있음을 살펴보았다. 나무의 외적인 화려함이 하와가 선악을 알게 하는 나무에 매력을 느낀 이유 중 하나일 수도 있다.

아담과 하와가 생명 나무 근처에 같이 있었다면 하와가 선악을 알게 하는 나무쪽으로 갈 때 아담이 하와를 제지했을 법 하다. 그런데 아담은 결과적으로는 그렇게 하지 못했거나 아니면 의도적으로 하지 않았다. 다음과 같은 경우의 수를 생각해 볼 수 있다.

1. 두 나무의 거리가 너무 가까워 하와는 순식간에 선악을 알게 하는 나무쪽으로 가서 열매를 먹을 수 있었고 따라서 아담은 하와를 제지하지 못했다.
2. 두 나무의 거리는 너무 가까운 정도는 아니다. 하지만 아담은 하와의 움직임을 짧게 또는 상당 시간 동안 파악하지 못했고 그 사이에 하와는 선악을 알게 하는 나무의 열매를 따먹었다.
3. 아담은 선악을 알게 하는 나무쪽으로 가는 하와의 움직임을 파악했으나 이를 제지할 생각이 없었다.

1, 2의 경우는 그렇다 하더라도 3의 경우는 상당한 문제가 있어 보인다. 마치 아담에게 하와가 선악을 알게 하는 나무의 열매를 따

먹으면 어떻게 되는지를 보려는 의도가 있지 않았을까하는 의구심을 품게 된다. 혹시 아담이 생각하기에 하와는 하나님의 말씀을 들은 대상자가 아니기 때문에 그녀는 죽지 않을 것이라는 일견 위험해 보이는 가정이 있었을까? 아니면 하와가 죽는지 죽지 않는지를 보고 자기가 선악을 알게 하는 나무의 열매를 먹으면 어떻게 될지에 대한 궁금증을 풀어 보려고 했을까?

이제 하와는 선악을 알게 하는 나무의 열매를 따먹는다. 앞에서도 살펴보았듯이 선악을 알게 하는 나무의 높이는 매우 높을 수도 있고 낮을 수도 있지만 하와가 어려움 없이 열매를 딸 수 있는 높이에 열매가 있었을 듯하다. 아마 열매를 따러 나무를 타고 올라가지는 않았을 것이다. 게다가, 선악을 알게 하는 나무 열매는 껍질이 단단하여 먹기 어려운 과일은 (예, 코코넛, 야자) 아니었을 것이다.

선악을 알게 하는 나무의 열매는 맛이 어땠을까? 더불어 생명나무 열매의 맛도 궁금해진다. 맛에는 단맛, 짠맛, 신맛, 쓴맛, 감칠맛, 지방맛이 있고 실제로 미각은 아니지만 매운맛, 떫은맛 등도 맛을 표현할 때 많이 사용된다. 이 중 어느 맛일지 궁금하지만 아쉽게도 두 나무 열매의 맛을 특정할 수는 없다. 아무래도 생명 나무 열매는 먹기 좋은 맛이면 좋겠지만 약은 대개 쓴맛이 나는 것을 보면 쓴맛일 가능성도 배재하지는 못할 것 같기도 하다. 선악을 알게 하는 나무 열매의 맛은 왠지 단맛(아니면 또 먹고 싶은 맛)이지 않을까 싶다. 하와가 그것을 따먹은 후 맛이 이상했다면 아담에게 쉽사리 건네지는 않았을 수도 있다. (물론, 이상한 맛의 음식을 먹고는 자기만 당할 수 없다는 생각이 들어 다른 사람에게 정말 맛있으니 먹어보라고 권하는 경우도 있긴 하다.)

생명 나무 열매의 맛을 조금 더 고민해보자. 생명이라는 단어를 보니 예수님께서 말씀하신 생명수가 떠오른다.

> **요 4:14**
> 내가 주는 물을 마시는 자는 영원히 목마르지 아니하리니 내가 주는 물은 그 속에서 영생하도록 솟아나는 샘물이 되리라

이렇게 보니, 생명 나무 열매의 맛과 생명수의 맛이 비슷할 수도 있지 않을까 싶다. (그렇다면 물맛이 되는 것인데 이것이 꼭 맹물맛이라거나 무미(맛이 존재하지 않음)를 의미하는 것은 아니다.) 생명수가 예수님의 보혈의 피라는 것 및 마시는 것이 사전적인 의미가 아니라는 것에 대한 견해는 다루지 않기로 한다.

한 가지 더 궁금한 점은 아담과 하와는 선악을 알게 하는 나무를 없앨 생각을 하지 않았을까 라는 것이다. 다음과 같은 경우를 생각해 볼 수 있다.

1. 아담과 하와는 선악을 알게 하는 나무를 없앨 생각을 아예 하지 못했다.

2. 아담과 하와는 선악을 알게 하는 나무를 없앨 생각을 하긴 하였으나 실질적으로는 불가능했다.

2는 다음과 같이 세분화 될 수 있다.

2-1. 아담과 하와가 선악을 알게 하는 나무를 없애기에는 도구가 부족했다.

2-2. 아담과 하와가 선악을 알게 하는 나무를 없애기에는 나무가 너무 거대했다.

2-2는 1과도 연결 될 수 있다. 선악을 알게 하는 나무는 너무나 거대해서 나무를 없앤다는 생각 자체를 할 수가 없었다 라는 식으로 말이다.

결국 하와는 선악을 알게 하는 나무의 열매를 따먹게 되고 이제 아담에게도 주려고 한다.

11

선악을 알게 하는 나무의 열매(선악과)를 먹을 때 아담은 무슨 생각을 하고 있었을까

이제 하와는 아담에게 선악을 알게 하는 나무의 열매를 주려 한다. 하와는 자기가 한 입 베어 물은 열매를 아담에게 주었을 수도 있고 아니면 열매를 새로 따서 주었을 수도 있다. 어찌됐던, 아담은 하와가 주는 열매가 선악을 알게 하는 나무의 열매라는 것을 인지하고 있었을 것이다. 혹여, 하와가 선악을 알게 하는 나무의 열매가 아니고 다른 열매라고 하면서 주었다고 할지라도 아담은 생김새를 알고 있기 때문에 자신이 먹는 나무 열매가 선악을 알게 하는 나무의 열매라는 것을 알았을 것이다. (하지만, 하와가 껍질을 다 벗기고 열매의 속만 주면서 속였다면 아담으로써도 어찌할 수 없었을 것 같기도 하다. 또한, 입에서 입으로 주는 방법도 있을 수 있겠으나 '남편에게도 주매'라고 적혀 있는 것으로 보아 그렇게 하지는 않았을 것이다.) 아담에게 호의

적일 수 있는 다른 가정으로는 선악을 알게 하는 나무의 열매와 정말 비슷해 보이는 다른 열매가 있고 그 열매는 이전에 여러 번 먹었기 때문에 이번에도 그런 줄 알았다는 것 정도를 들 수 있다.

이에 더하여, 아담은 하와가 즉시로 죽지는 않았다는 것을 알았을 것이다. 이상한 것은 아담이 그것을 먹었다는 점이다. 우선 하와가 아담에게 선악을 알게 하는 나무의 열매를 먹으라고 한 기록은 없다. 단지 하와는 그것을 아담에게 주었을 뿐이다.

> **창 3:6**
> 그 나무를 본즉 먹음직도 하고 보암직도 하고 지혜롭게 할 만큼 탐스럽기도 한 나무인지라 여자가 그 열매를 따먹고 자기와 함께 있는 남편에게도 주매 그도 먹은지라

물론, 하와가 아담에게 먹으라고 했는데 그 부분이 생략되어서 기록된 것일 수도 있다. 아담이 선악을 알게 하는 나무의 열매를 먹는 과정에 관해 다음과 같은 경우를 생각해 볼 수 있다.

1. 아담은 거부하였지만 하와가 속임수를 쓰거나 물리력을 동원하여 억지로 먹였다.
2. 아담은 거부하지 않았고 자신의 뜻으로 먹었다. 하지만 하와가 주기 이전에는 선악을 알게 하는 나무의 열매를 먹고 싶지 않았다.
3. 아담은 이전부터 선악을 알게 하는 나무의 열매를 먹고 싶어

서 하와가 주는 것을 거부하지 않았고 자신의 뜻으로 먹었다.

2번을 좀 더 세분해 보자.

2-1. 아담은 거부하지 않았고 자신의 뜻으로 먹었다. 하와가 주기 전에는 먹고 싶지 않았지만 그것을 먹은 하와가 죽지 않자 마음을 바꾸게 된 것이다. 이전에는 아담은 선악을 알게 하는 나무의 열매를 먹고 싶지 않았다.

2-2. 아담은 거부하지 않았고 자신의 뜻으로 먹었다. 하와가 주기 전에도 먹고 싶지 않았고 그것을 먹은 하와가 죽지 않은 것을 보고도 먹고 싶지는 않았다. 열매 자체가 궁금하지는 않았지만 하나님의 명령을 어기면 어떻게 되는지 궁금해서 먹게 된 것이다. 이전에는 아담은 선악을 알게 하는 나무의 열매를 먹고 싶지 않았다.

3번 역시 열매 자체에 대한 궁금함과 하나님의 명령을 어긴 결과에 대한 궁금함 두 가지 모두를 생각할 수 있다.

3-1. 아담은 이전부터 선악을 알게 하는 나무의 열매를 먹으면 정말 죽게 되는지 궁금했고 하와가 즉시로 죽지 않는 것을 보자 하와가 주는 것을 거부하지 않았고 자신의 뜻으로 먹었다.

3-2. 아담은 이전부터 선악을 알게 하는 나무의 열매를 먹으면 정말 죽게 되는지 궁금했고 하와가 즉시로 죽지 않는 것을 보고도 먹고 싶지는 않았다. 열매 자체가 궁금하지는 않

았지만 그 동안 하나님의 명령을 잘 지키던 자신이 하나님의 명령을 어기면 어떻게 되는지 궁금해서 먹게 된 것이다.

1번은 가능성이 희박해 보인다. 2, 3의 경우 공통적으로 아담이 자신의 뜻으로 선악을 알게 하는 나무의 열매를 먹게 된 것이므로 그 행동에 변명의 여지가 없다. 특히 아담이 하나님의 명령을 어긴 결과에 대해 궁금함을 가지고 있는 상태였다면 문제가 심각해 보인다.

하와가 아담에게 선악을 알게 하는 나무의 열매를 주었을 때 하와의 마음은 어땠을까? 자신이 이미 먹어버렸으니 당신도 동참하라는 마음이었을까? 아니면 당신이 그 동안 궁금해 하면서도 차마 하지 못했던 것을 자신이 해 주었으니 이제는 걱정 말고 먹으라는 마음이었을까?

이제 아담과 하와는 선악을 알게 하는 나무의 열매를 먹었고 눈이 밝아져 자기들이 벗은 줄을 알고 무화과나무 잎으로 치마를 삼는다.

창 3:7

이에 그들의 눈이 밝아져 자기들이 벗은 줄을 알고 무화과나무 잎을 엮어 치마로 삼았더라

선악을 알게 하는 나무의 열매를 먹은 것과 눈이 밝아진 것과의 시간적인 간격은 어떠했을까? 즉각적이었을까 아니면 상당한 시간이 걸렸을까? 아마 즉각적이었을 가능성이 높다.

그렇다면 무화과나무는 어디에 있었을까? 동산 중앙에 있는 두 나무 바로 근처에 있었을까 아니면 상당히 떨어진 곳에 있었을까? 다음과 같은 3가지 경우가 나온다.

1. 눈이 밝아져 벗은 줄을 알고 치마로 삼을만한 것을 찾았으나 생명 나무와 선악을 알게 하는 나무의 잎은 너무 적합하지 않아 마침 근처에 있던 나무 잎사귀를 골랐는데 그 나무가 무화과나무였다.
2. 눈이 밝아져 벗은 줄을 알고 치마로 삼을만한 것을 찾았으나 생명 나무와 선악을 알게 하는 나무의 잎은 너무 적합하지 않아 여기저기 찾아 헤매었고 적당한 나무 잎사귀를 찾았는데 그 나무가 무화과나무였다.
3. 눈이 밝아져 벗은 줄을 알고 치마로 삼을만한 것을 찾았으나 생명 나무와 선악을 알게 하는 나무의 잎은 너무 적합하지 않았고 이전부터 알고 있던 무화과나무의 잎이 적합할 것 같아 무화과나무가 있는 쪽으로 가서 그 잎을 사용했다.

2, 3은 동산 중앙에 무화과나무가 없는 상황으로 아담과 하와는 무화과나무를 찾아 이동한 셈이 된다. 그런데 현재 우리가 보는 무화과나무 잎은 그다지 크지 않다. 물론, 에덴 동산에 있던 무화과나무는 잎이 컸을 수도 있다. 하지만 잎을 엮었다고 하는 것을 보면 말 그대로 잎사귀 하나가 아니라 여러 개를 사용했을 가능성이 있다. 줄기를 끊어 둘렀을 가능성도 있을 것 같다.

만약 아담이 선악을 알게 하는 나무의 열매를 먹을 때 뱀이 같이 있었다면 뱀은 아담, 하와와 같이 이동했을까? 아니면 아담과 하와가 어떻게 하는지 보려고 뒤에서 거리를 두고 따라다녔을까? 그것도 아니면 자기 속셈은 다 이뤘다는 것처럼 동산 중앙에서 유유히 사라졌을까? 그에 관해서는 알 수 없지만 뱀은 아담과 하와가 징계를 받을 때 다시 등장한다.

창 3:14

여호와 하나님이 뱀에게 이르시되 네가 이렇게 하였으니 네가 모든 가축과 들의 모든 짐승보다 더욱 저주를 받아 배로 다니고 살아 있는 동안 흙을 먹을지니라

뱀은 아담과 하와와 같이 이동하며 다녔을 수도, 아니면 다른 곳에 있다가 소환되었을 수도 있을 것이다.

앞서 아담이 동물들과 무리 생활을 하면서 언어로 의사 소통을 했을 가능성을 서술하였다. 언어로 의사 소통을 했다면 아담이 동물들에게 선악을 알게 하는 나무의 열매를 먹지 말라는 이야기를 했을 법도 하다. 그렇다면 하와와 아담이 선악을 알게 하는 나무의 열매를 먹는 것을 본 동물들은 어떤 생각을 했을까? 상당히 충격적인 광경이었을 것이라 짐작된다.

12

하나님께서 찾아오셨을 때 아담과 하와는 **왜 숨었을까**

아직 선악을 알게 하는 나무의 열매를 먹은 날에 일어나는 일은 끝나지 않았다.

> **창 3:8**
> 그들이 그 날 바람이 불 때 동산에 거니시는 여호와 하나님의 소리를 듣고 아담과 그의 아내가 여호와 하나님의 낯을 피하여 동산 나무 사이에 숨은지라

아담과 하와는 동산에 거니시는 하나님의 소리를 들었다. 그리고 하나님의 낯을 피하여 숨었다. 이는 평소 아담과 하와는 하나님의 낯을 피하지 않았을 수도 있다는 것을 의미한다. 그렇다면 아담과 하와가 하나님을 대면하였을 가능성이 있음을 알 수 있다. 하나님을 대면하던 사람들이 하나님의 명령을 어긴 후 하나님을 피하게 된 것이다. 두 가지 경우를 생각해 볼 수 있다.

1. 아담과 하와는 하나님을 만나고 싶었지만 하나님의 명령을 어긴 것이 심령에 걸려 하나님을 피했다.
2. 아담과 하와는 하나님의 명령을 어긴 후 하나님을 아예 만나고 싶지 않은 상태가 되었고 따라서 동산에 거니신 하나님도 피하고 싶었다.

하나님께서 동산을 거니시는 것이 정기적인 일이었는지 아니면 불규칙적인 일이었는지는 알 수 없다. 불규칙적이었다면 예기치 않게 빨리 오신 것인지 아니면 오랫동안 오시지 않으셨다가 오신 것인지도 알 수 없다. 하지만 하나님께서 아담을 부르신 것을 보아 아담을 만나러 오신 것은 명확하다. 만약 정기적인 것이었다면 정해진 시간 및 정해진 장소에서 하나님과 아담이 만났다는 것인데, 정해진 시간 및 장소가 있다는 점에서 오늘날 성도들이 주일날 드리는 예배를 연상케한다.

창 3:9

여호와 하나님이 아담을 부르시며 그에게 이르시되 네가 어디 있느냐

하나님께서는 아담이 어디에 있는지 당연히 아신다. 아담과 하와 뒤에 나타나셔서 요즘 말로 서프라이즈 하실 수도 있으시지만 그렇게 하시지 않으셨다. 대신 아담을 부르시며 아담을 찾으신다. 이와 관련해 두 가지 경우를 생각해 볼 수 있다.

1. 사랑하는 아담이 맞으러 나오지 않아 부르셨다.
2. 에덴 동산을 책임지고 있는 관리자인 아담이 나오지 않아 위치를 보고하라고 부르셨다.

예수님께서 하신 말씀을 통해 하나님의 심정을 헤아려 보자.

눅 15:20
이에 일어나서 아버지께로 돌아가니라 아직도 거리가 먼데 아버지가 그를 보고 측은히 여겨 달려가 목을 안고 입을 맞추니

하나님께서 아담을 찾으셨을 때 돌아온 탕자가 그랬듯이 아담이 하나님에게 돌아갔더라면 이후 어떻게 되었을까? 하나님께서 측은히 여겨 주시고 죄를 묻지 않으셨을까?

하나님께서 아담을 부르셨을 때 아담은 이렇게 하나님께 대답한다.

창 3:10
이르되 내가 동산에서 하나님의 소리를 듣고 내가 벗었으므로 두려워하여 숨었나이다

아담의 대답은 이상해 보인다. 아담이 한 대답은 '벗었으므로 두려워하여 숨었다' 이기 때문이다. 그보다는 하나님의 소리를 듣고 하나님의 말씀을 어긴 것이 두려워서 숨었다고 하는 것이 더 자연스러워 보인다. 이와 관련해 2가지 경우를 생각해 볼 수 있다.

1. 아담은 하나님의 말씀을 어긴 것이 두려워 숨었지만 핑계를 대기 위해 벗었으므로 두려워하여 숨었다고 하였다.

2. 아담은 하나님의 소리를 듣고 정말 벗은 것이 두려워 숨었다.

2의 경우는 이상해 보이지만 좀 더 생각해 볼 여지가 있다. 아담은 하나님 앞에 설 때는 왠지 벗은 상태로 서면 안 된다고 생각하게 된 것일까? 하지만 아담은 이미 무화과나무 잎으로 치마를 삼은 상태이기는 하다.

무화과나무 잎으로 만든 치마가 너무나 임시방편인 것이어서 제대로 치마 역할을 못하고 이미 몸에서 떨어져 버렸을 수도 있다. 아니면 무화과나무 잎으로 만든 치마 정도로는 하나님 앞에 나갈 정도의 옷이 아니라고 생각했을 수도 있다.

혹시 아담은 제대로 된 의복을 입고 나면 하나님 앞에 나갈 수 있다고 생각했을까? 그렇다면 아담은 왜 그렇게 생각하게 되었을까? 이전에 아담이 하나님을 뵈었을 때 하나님께서 (아주 멋진) 의복을 입고 계셨던 것일까? 하나님께서 의복을 입고 계신 것일 수도 있다는 단서는 성경에서 발견할 수 있다.

사 6:1

웃시야 왕이 죽던 해에 내가 본즉 주께서 높이 들린 보좌에 앉으셨는데 그의 옷자락은 성전에 가득하였고

단 7:9

내가 보니 왕좌가 놓이고 옛적부터 항상 계신 이가 좌정하셨는데 그의 옷은 희기가 눈 같고 그의 머리털은 깨끗한 양의 털 같고 그의 보좌는 불꽃이요 그의 바퀴는 타오르는 불이며

물론 하나님께서는 영이시며 의복이 필요하지 않으실 수 있다. 하지만 상기의 말씀을 보면 하나님께서는 아담을 만나셨을 때 의복을 입고 계셨을 수도 있을 것 같다. 그렇다면 아담은 이전부터 의복을 부러워했을까 아니면 선악을 알게 하는 나무의 열매를 먹은 이후부터 의복을 부러워하게 되었을까? 후자일 가능성이 더 높아 보인다.

의복에 관련해서 더 생각해 본다면 아담은 하나님이 아닌 천사가 입고 있는 의복을 본 것일 수도 있다. 천사의 옷도 눈 같이 희다는 설명을 성경에서 찾을 수 있다.

마 28:2

큰 지진이 나며 주의 천사가 하늘로부터 내려와 돌을 굴려 내고 그 위에 앉았는데

마 28:3

그 형상이 번개 같고 그 옷은 눈 같이 희거늘

계 15:6

일곱 재앙을 가진 일곱 천사가 성전으로부터 나와 맑고 빛난 세마포 옷을 입고 가슴에 금 띠를 띠고

에덴 동산에서 무슨 일이 일어났을까?

What might happen in the garden of Eden?

13

아담과 하와의 변명은 어떠했을까

이후에 하나님과 아담, 하와의 대화가 이어진다. 이 때, 아담과 하와가 동산 나무 사이에 계속 숨어서 있었던 것인지 아니면 하나님 앞으로 나왔는지는 알 수 없다. 아담이 대답하자 하나님께서 말씀하신다.

창 3:11

이르시되 누가 너의 벗었음을 네게 알렸느냐 내가 네게 먹지 말라 명한 그 나무 열매를 네가 먹었느냐

하나님께서 '내가 네게 먹지 말라 명한 그 나무 열매를 네가 먹었느냐' 라고만 하는 것이 더 자연스러워 보인다. 그런데 '누가' 너의 벗었음을 알렸느냐는 말씀도 하신다. 마치 하나님과 아담 사이를 훼방하려고 하는 누군가가 있음을 뜻하시는 것처럼 들린다. 그 누

군가는 당연히 사탄일 것이다.

아담이 대답한다.

창 3:12

아담이 이르되 하나님이 주셔서 나와 함께 있게 하신 여자 그가 그 나무 열매를 내게 주므로 내가 먹었나이다

아담이 '나와 함께 있게 하신 여자'라고 한 것을 보아 아직 이름도 짓지 못할 정도로 둘이 같이 있던 기간이 매우 짧았던 것은 아닌가 하는 추측을 전술한 바 있다. 실제로 아담은 하와라는 이름을 이 사건 후에 지어주게 된다. 하지만 변명을 하며 하나님께도 어느 정도 책임이 있다는 뉘앙스를 풍기기 위해 '하나님이 주셔서 나와 함께 있게 하신 여자'라는 말을 했을 가능성도 있다.

아담은 하와가 자기에게 그 나무 열매를 주므로 먹었다고 한다. 아담은 하와를 바른 길로 인도해야 할 위치에 있다. 그러므로 하와가 선악을 알게 하는 나무의 열매를 주었다고 해서 그것을 먹으면 안 된다. 오히려 아담은 하와를 훈계했어야 한다. 그 외에도 아담은 당연히 하나님께 용서를 구해야 했다.

하나님은 하와에게 말씀하신다.

창 3:13

여호와 하나님이 여자에게 이르시되 네가 어찌하여 이렇게 하였느냐 여자가 이르되 뱀이 나를 꾀므로 내가 먹었나이다

하와는 자기를 유혹한 존재의 이름이 뱀이라는 것을 인지하고 있었다. 뱀은 하와에게 자신이 뱀이라고 소개한 적이 없는데도 말이다. 뱀에게 뱀이라는 이름을 지어준 것은 아담일 것이므로 뱀의 이름에 관한 지식은 아담이 하와에게 알려준 것일 가능성이 높다. (물론 뱀이 하와에게 자기소개를 했는데 그 부분은 생략되었을 수도 있다.) 그렇다면 아담은 하와에게 다른 동물들의 이름 같은 것도 알려주었을 가능성이 있다. 물론 그러한 행위들이 매우 짧은 시간 안에도 가능하기야 하겠지만 아담과 하와가 상당 시간 같이 살았을 가능성 또한 높아 보인다.

또한 하와는 뱀이 나를 꾀었다고 했다. 두 가지 경우를 생각할 수 있다.

1. 선악을 알게 하는 나무의 열매를 먹기 전에는 뱀이 나를 꾀는 것을 몰랐는데 (즉, 뱀이 선의로 접근한 것인 줄 알았는데) 열매를 먹은 후 꾐 당했다는 것을 알게 되었다
2. 선악을 알게 하는 나무의 열매를 먹기 전이었지만 뱀이 나를 꾀고자 하는 것을 알고 있었다.

꾀는 행위는 선한 행동이 아니라고 할 수 있으므로 1의 경우처럼 선악을 알게 하는 나무의 열매를 먹은 후 눈이 밝아져 꾀는 행위를 분별하게 되었다는 것이 좀 더 설득력이 있어 보인다. 하지만 2의 경우도 가능하다. 하와는 선악을 알게 하는 나무의 열매를 먹으

면 안 된다는 것을 이미 알고 있는 상태였으므로 그것에 반하는 행동을 주장하는 뱀의 행동이 자신(하와)을 꾀기 위한 행동인 것으로 인지할 수도 있기 때문이다.

이제 하나님은 뱀에게 말씀하신다. 아담과 하와의 경우와는 달리 뱀에게는 어찌하여 그렇게 했는지 물어보시지 않으신다.

> **창 3:14**
> 여호와 하나님이 뱀에게 이르시되 네가 이렇게 하였으니 네가 모든 가축과 들의 모든 짐승보다 더욱 저주를 받아 배로 다니고 살아 있는 동안 흙을 먹을지니라

> **창 3:15**
> 내가 너로 여자와 원수가 되게 하고 네 후손도 여자의 후손과 원수가 되게 하리니 여자의 후손은 네 머리를 상하게 할 것이요 너는 그의 발꿈치를 상하게 할 것이니라 하시고

'모든 가축과 들의 모든 짐승보다' 라고 하신 부분에서 인간에게 길들여진 동물들과 그렇지 않은 동물들이 있음을 짐작할 수 있다. 좁게 본다면 아담이 같이 생활하던 동물들일 수 있을 것이다.

'더욱 저주를 받아' 라고 하신 부분에서 모든 가축과 들의 모든 짐승이 이미 어느 정도의 저주를 받았음을 짐작할 수 있다. 이러한 짐작은 하나님께서 세상을 창조하신 후 창조질서가 어느 정도 파괴되었고 에덴 동산은 (마지막일지도 모르는) 하나님의 창조질서가 유지

되고 있는 보루일지도 모른다는 저자의 가정과 합치된다고도 볼 수 있는 내용이다.

'배로 다니고' 라고 하신 부분에서 뱀은 원래 다리가 있었는데 없어졌다고 생각할 수도 있다.

'살아 있는 동안 흙을 먹을지니라'라고 하신 부분을 의아해하기 쉬운데 흙먼지를 먹는 것도 흙을 먹는 것이라고 할 수 있기 때문에 배로 다니게 될 것이라는 내용과 상당부분 합치된다.

다만 다리가 있었다가 없어지는 경우가 아니더라도 흙먼지를 먹게 되는 것이 가능한 경우가 있다. 뱀은 몸으로 머리를 지탱할 수 있다. 만약 뱀이 몸집이 매우 크고 길이가 매우 길어 땅부터 머리까지의 높이가 꽤 높다면 (예, 사람 키 정도 높이) 기어 다닐 때 머리를 숙이지 않아도 되는 존재였을 수도 있다. 마치 동양에서 흔히 생각하는 용의 모습처럼 말이다. 하지만 이렇게 큰 존재가 작아지게 된다면 (예. 현재의 뱀 크기 정도) 그렇게 하지 못할 것이다. 즉, 하나님의 말씀은 뱀의 소형화를 가리키시는 것일 수도 있다. 현재 우리가 아는 일반적인 모습의 뱀이라면 기어 다니면서 흙먼지 먹는 것을 피하기는 어렵기 때문이다.

또 '배로 다니고' 라고 하신 부분을 통해 다리가 있었는데 없어졌다고 생각할 수도 있으나 다른 기관, 즉 날개 같은 것이 있었다가 없어졌다고 생각해 볼 수도 있다. 하늘을 날던 생물이 날개가 없어

지면 땅에서 살 수 밖에 없을 테니 흙먼지를 먹게 될 것이다.

15절 말씀에서는 원수의 관계들과 행위가 나온다.

창 3:15

내가 너로 여자와 원수가 되게 하고 네 후손도 여자의 후손과 원수가 되게 하리니 여자의 후손은 네 머리를 상하게 할 것이요 너는 그의 발꿈치를 상하게 할 것이니라 하시고

1. 뱀 ↔ 여자 (하와)
2. 뱀의 후손 ↔ 여자 (하와)의 후손
3. 여자의 후손은 뱀의 머리를 상하게 함
4. 뱀은 여자의 후손의 발꿈치를 상하게 함

여자의 후손은 일반적으로 예수님을 가리키는 것으로 알려져 있으므로 다음과 같이 바꿀 수 있다.

1. 뱀 ↔ 여자 (하와)
2. 뱀의 후손 ↔ 예수님 (여자 (하와)의 후손)
3. 예수님 (여자의 후손)은 뱀의 머리를 상하게 함
4. 뱀은 예수님 (여자의 후손)의 발꿈치를 상하게 함

그렇다면 뱀의 후손은 과연 누구일까? 우선적으로, 예수님께서 이 땅에 계셨을 동안 예수님을 대적하였던 사람들을 꼽을 수 있다. 폭 넓게 본다면 전 시간대를 통틀어 사탄을 따라 하나님을 대적하는 무리라고 생각할 수 있다.

일반적으로 뱀이 예수님의 발꿈치를 상하게 하였다는 것은 예수님께서 십자가에 매달리시는 것을, 예수님께서 뱀의 머리를 상하게 하셨다는 것은 예수님께서 죽으신 후 부활하시어 사망 권세를 이기신 것을 의미한다.

이어서 하나님께서는 하와에게 말씀하신다.

> **창 3:16**
> 또 여자에게 이르시되 내가 네게 임신하는 고통을 크게 더하리니 네가 수고하고 자식을 낳을 것이며 너는 남편을 원하고 남편은 너를 다스릴 것이니라 하시고

'임신하는 고통을 크게 더하리니' 라는 말씀은 뒤에 이어지는 '수고하고 자식을 낳을 것이며' 라는 부분과 이어져 출산의 고통을 의미하신 것으로 보인다. 하지만 임신을 유지하는 것도 매우 힘든 과정이다. 몸무게가 증가하고 배가 나오는 것도 임신하는 고통이라 할 수 있으며 수고하는 것이라고 할 수 있다.

'남편은 너를 다스릴 것이니라' 라고 하셨는데 선악을 알게 하는 나무의 열매를 따 먹기 전 아담과 하와의 관계는 어떠했을지 궁금하다. 서로 대등한 관계였을까? 아담과 하와는 지식의 차이(하나님께 말씀을 들었고 안 들었고의 차이)가 있었을 것이기 때문에 서로 대등한 관계이기는 어려웠을 것이다. 게다가 아담은 당시 선지자, 왕, 제사장의 위치를 겸하는 인물이었을 가능성이 있다. 그렇다면 하

나님께서는 아담과 하와의 관계를 명시적으로 재확인 시켜주신 것일 수도 있다. 물론 다스릴 것이니라는 말씀은 대등했던 관계가 변화되는 것으로 하여 하나님께서 아담과 하와의 관계의 변화를 말씀하신 것일 수도 있다.

후에 아담에게 말씀하신 것과 다른 것으로 주목할 부분이 있는데 하나님께서는 하와에게 하나님의 말씀을 어겼다는 말씀을 하시지 않으셨다는 것이다.

다음으로 하나님께서는 아담에게 말씀하신다.

창 3:17

아담에게 이르시되 네가 네 아내의 말을 듣고 내가 네게 먹지 말라 한 나무의 열매를 먹었은즉 땅은 너로 말미암아 저주를 받고 너는 네 평생에 수고하여야 그 소산을 먹으리라

창 3:18

땅이 네게 가시덤불과 엉겅퀴를 낼 것이라 네가 먹을 것은 밭의 채소인즉

창 3:19

네가 흙으로 돌아갈 때까지 얼굴에 땀을 흘려야 먹을 것을 먹으리니 네가 그것에서 취함을 입었음이라 너는 흙이니 흙으로 돌아갈 것이니라 하시니라

하나님께서 아담에게만큼은 하나님의 말씀을 어겼음을 명확히 하신다. 이 부분은 하와에게 하신 말씀에서는 찾아볼 수 없다.

아담의 불순종으로 인해 땅은 저주를 받고 아담은 땅의 소산을 먹기 위해 평생을 수고해야 한다. 땅은 가시덤불과 엉겅퀴를 낼 것인데 아담은 가시덤불과 엉겅퀴가 무엇인지 알고 있었을까 아니면 모르고 있었을까? 에덴 동산에는 가시덤불과 엉겅퀴가 없을 가능성이 커 아담은 그것들을 모를 수도 있다. 하지만 에덴 동산의 경계에서 (또는 경계를 넘어간 후) 가시덤불과 엉겅퀴를 접했을 수도 있다. 만약 아담이 그것들을 알고 있는 상태라면 모르는 상태에 비해 충격이 더 했을 것이라 짐작된다.

'너는 흙이니 흙으로 돌아갈 것이니라' 라는 말씀에서 아담의 육체적 죽음은 명확한 것임을 알 수 있다. 아담은 선악을 알게 하는 나무의 열매를 따 먹은 후 하나님을 피하게 되었는데 이미 영적인 단절도 어느 정도 일어난 상태임을 알 수 있다.

'너는 흙이니' 라고 하셨는데 아담은 이전부터 자신이 흙이었다는 것을 알고 있었을까? 즉 하나님께서 너를 흙으로 지었다고 아담에게 말씀해 주신 적이 있으실까?

창 3:20

아담이 그의 아내의 이름을 하와라 불렀으니 그는 모든 산 자의 어머니가 됨이더라

전술했던 내용으로 하와라는 이름은 모든 산 자의 어머니라는 뜻이다. 여기에서 모든 산 자가 단어 뜻 그대로 모든 살아있는 사람일 수도 있지만 모든 (하나님의 영이 있는) 산 자의 어머니 일 수도 있다. 게다가 호모 사피엔스가 아닌 다른 고대 인류들은 모든 산 자에 포함되는 것이 아닐 수도 있다는 가설도 세워볼 수 있음을 전술하였다.

14

하나님께서는 **어떤 동물**로 **가죽옷**을 만드셨을까

하나님께서 아담과 하와를 위하여 가죽옷을 지어 입히셨다.

창 3:21

여호와 하나님이 아담과 그의 아내를 위하여 가죽옷을 지어 입히시니라

하나님께서는 전지전능하시기 때문에 아무 것도 없는 상태에서 가죽옷을 만들어 내실 수 있다. 하지만 그렇게 하지 않으시고 가죽옷을 만드셨을 수도 있다. 직접 하셨거나 아니면 천사를 시키셨을 수 있다.

그렇다면 가죽을 특정 동물에서 벗겨 내셨을 것이다. 물론 여러 종류의 동물들에서 가죽을 벗겨내셨을 수도 있다. 만약 한 동물에서만 가죽을 벗겨 내셨다면 어떤 동물이었을까?

사치재로 쓰이는 가죽이 아니라면 일반적으로는 소나 양 가죽이 옷으로 많이 사용된다고 한다. 소와 양 모두 성경에서 익숙한 동물이며 대속을 위해 흔히 사용되는 동물이다. 이 중 양인 경우를 보자.

출 12:3

너희는 이스라엘 온 회중에게 말하여 이르라 이 달 열흘에 너희 각자가 어린 양을 잡을지니 각 가족대로 그 식구를 위하여 어린 양을 취하되

출 12:4

그 어린 양에 대하여 식구가 너무 적으면 그 집의 이웃과 함께 사람 수를 따라서 하나를 취하며 각 사람이 먹을 수 있는 분량에 따라서 너희 어린 양을 계산할 것이며

출 12:6

이 달 열나흗날까지 간직하였다가 해 질 때에 이스라엘 회중이 그 양을 잡고

출 12:7

그 피를 양을 먹을 집 좌우 문설주와 인방에 바르고

그리고 예수님은 어린 양으로 자주 비유되셨다.

요 1:29

이튿날 요한이 예수께서 자기에게 나아오심을 보고 이르되 보라 세상 죄를 지고 가는 하나님의 어린 양이로다

요 1:36

예수께서 거니심을 보고 말하되 보라 하나님의 어린 양이로다

계 5:6

내가 또 보니 보좌와 네 생물과 장로들 사이에 한 어린 양이 서 있는데 일찍이 죽임을 당한 것 같더라 그에게 일곱 뿔과 일곱 눈이 있으니 이 눈들은 온 땅에 보내심을 받은 하나님의 일곱 영이더라

계 5:12

큰 음성으로 이르되 죽임을 당하신 어린 양은 능력과 부와 지혜와 힘과 존귀와 영광과 찬송을 받으시기에 합당하도다 하더라

계 5:13

내가 또 들으니 하늘 위에와 땅 위에와 땅 아래와 바다 위에와 또 그 가운데 모든 피조물이 이르되 보좌에 앉으신 이와 어린 양에게 찬송과 존귀와 영광과 권능을 세세토록 돌릴지어다 하니

계 7:10

큰 소리로 외쳐 이르되 구원하심이 보좌에 앉으신 우리 하나님과 어린 양에게 있도다 하니

계 21:14

그 성의 성곽에는 열두 기초석이 있고 그 위에는 어린 양의 열두 사도의 열두 이름이 있더라

이외에도 성경에서 예수님을 양으로 비유하는 구절은 다수 찾아 볼 수 있다. 아브라함과 이삭의 이야기에서도 양이 등장하는 것을 볼 수 있다.

창 22:12

사자가 이르시되 그 아이에게 네 손을 대지 말라 그에게 아무 일도 하지 말라 네가 네 아들 네 독자까지도 내게 아끼지 아니하였으니 내가 이제야 네가 하나님을 경외하는 줄을 아노라

창 22:13

아브라함이 눈을 들어 살펴본즉 한 숫양이 뒤에 있는데 뿔이 수풀에 걸려 있는지라 아브라함이 가서 그 숫양을 가져다가 아들을 대신하여 번제로 드렸더라

하나님께서 만약 양의 가죽을 벗겨내신 것이라면 어떤 심정이셨을까? 가죽을 벗겨내기 위해서는 도축이라는 과정이 필요하다고 한다. 즉, 대상물을 죽여야 한다는 것이다. 하나님의 아들이신 예수님께서 십자가에 못 박혀 돌아가신 것은 현재로부터 약 2000년 전의 일이며 아담으로부터 계산하면 약 4000년 후의 일이다. 그런데 하나님께서 양을 잡아 가죽옷을 만드시는 것에 예수님의 죽음과 관련한 상징적인 의미가 있다면 에덴 동산에서 인간을 얼마나 사랑하시는지를 이미 보여주신 것일 수도 있다는 생각이 든다.

게다가 유대인의 제사에서 대속을 위해 동물을 희생하는 것이

일반적인 것임을 비추어 본다면 하나님께서 양을 죽이시는 것에 제사적인 성격이 있다고 할 수 있지 않을까? 그렇다면 성경에서의 첫 번째 제사는 하나님께서 시작하신 것이라고 생각할 수도 있을 것 같다. 이런 경우 처음 제사장직을 하나님께서 직접 맡으신 셈이 되는 것이라서 놀라움을 금할 수 없다.

게다가 이런 생각을 해 볼 수도 있다. 하나님께서는 아담이 하나님의 말씀을 어긴 '당일'에 양을 죽이신 것(대속)일 수도 있다는 점이다. 아담에게 선악을 알게 하는 나무의 열매를 먹지 말라고 하셨을 때 그것을 먹는 날에는 반드시 죽으실 것이라고 하셨기 때문일까?

창 2:17

선악을 알게 하는 나무의 열매는 먹지 말라 네가 먹는 날에는 반드시 죽으리라 하시니라

만약 하나님께서 아담만은 영영 내치시기로 작정하셨다면 아담이 육체적으로 죽은 후에 양을 죽이셨을 수도 있을 것이다. 이 부분에서 아담을 향한 하나님의 사랑이 다시 한번 보이는 것 같다. (육체적으로 죽은 후에 대속이 가능한 것인가에 대해서는 논하지 않기로 한다.)

하나 더 살펴 볼 것은 가죽옷을 입었다는 부분이다.

창 3:21

여호와 하나님이 아담과 그의 아내를 위하여 가죽옷을 지어 입히시니라

제사로 양을 드린 이후 가죽을 얻게 되었다 가정하고 양이 예수님을 의미하는 것이라 한다면, 가죽은 예수님이 죄를 대속하여 죽고 승천하신 후 오신 성령님을 의미하는 것일 수 있다. 그렇다면 가죽옷을 입는 것은 성령님을 입는 것이라 생각할 수도 있을 것이다.

15

에덴 동산에서 쫓겨난 후 아담은 어떻게 되었을까

이제 하나님께서는 아담과 하와를 에덴 동산에서 쫓아내신다.

창 3:22

여호와 하나님이 이르시되 보라 이 사람이 선악을 아는 일에 우리 중 하나 같이 되었으니 그가 그의 손을 들어 생명 나무 열매도 따먹고 영생할까 하노라 하시고

창 3:23

여호와 하나님이 에덴 동산에서 그를 내보내어 그의 근원이 된 땅을 갈게 하시니라

창 3:24

이같이 하나님이 그 사람을 쫓아내시고 에덴 동산 동쪽에 그룹들과 두루 도는 불 칼을 두어 생명 나무의 길을 지키게 하시니라

아마 아담은 에덴 동산 동쪽으로 쫓아내진 것 같다. '에덴 동산 동쪽에 그룹들과 두루 도는 불 칼을 두어 생명 나무의 길을 지키게 하시니라'고 적혀있기 때문이다. 생명 나무로 가는 길은 동쪽에서 향하는 길이 유일한 것일 수도 있다. 아니면 에덴 동산의 크기가 상당히 커 (남쪽길이나 북쪽길으로는 너무 멀어서 이동해 갈 수 조차 없으니) 아담은 동쪽에서 향하는 길 외에 다른 길로는 접근하지 못하는 것이었을 수도 있다. 강이 에덴에서 흘러 나와 네 강이 되었는데 에덴은 네 강으로 둘러싸여져 있어 접근하기가 어렵고 동쪽에서 접근하는 길이 유일한 길이었을 수도 있다.

창 2:10

강이 에덴에서 흘러 나와 동산을 적시고 거기서부터 갈라져 네 근원이 되었으니

창 2:11

첫째의 이름은 비손이라 금이 있는 하윌라 온 땅을 둘렀으며

창 2:12

그 땅의 금은 순금이요 그 곳에는 베델리엄과 호마노도 있으며

창 2:13

둘째 강의 이름은 기혼이라 구스 온 땅을 둘렀고

창 2:14

셋째 강의 이름은 힛데겔이라 앗수르 동쪽으로 흘렀으며 넷째 강은 유브라데더라

어찌되었든 그 길은 에덴 동산에 접근할 수 있는 유일한 길이었을 가능성이 높아 보인다. 앞서 아담이 동물들을 다스렸을 가능성에 대해서 살펴보았다. 만약 아담이 새를 타고 다닐 수 있었다면 하늘을 통해서 에덴 동산에 접근할 수도 있을 것이다. 하지만 아담이 에덴 동산에서 쫓겨난 후로는 동물들이 아담을 따르지 않게 되었을 가능성이 있기에 더 이상 아담은 하늘 길을 통해 에덴 동산으로 들어가지는 못했을 것이다.

'생명 나무 열매도 따먹고 영생할까 하노라 하시고' 라는 부분에서 육신의 영생이 가능함을 알 수 있다. 생명 나무 열매를 한 번만 따 먹어도 영생을 하게 되는 것인지 아니면 영생하기 위해서는 생명 나무 열매를 지속적으로 따먹어야 하는지는 알 수 없다. 또한 아담과 하와가 선악을 알게 하는 나무의 열매를 먹기 전에 생명 나무 열매를 먹은 적이 있는지도 알 수 없다. 만약 생명 나무 열매를 먹은 적이 없다면 왜 그러했을지 정말 궁금하다. 생명 나무 열매와 선악을 알게 하는 나무의 열매를 조합하여 먹으면 어떻게 되는지도 알 수 없다.

이제 아담은 에덴 동산 밖에서 땅을 가는 일을 하게 된다. 아담

은 에덴 동산에 있는 동안 선지자, 왕, 제사장의 역할을 했을 가능성이 있음을 전술하였다. 아담이 에덴 동산에 있을 때 하나님께 받은 명령 중 하나가 경작하는 것이다.

창 2:15

여호와 하나님이 그 사람을 이끌어 에덴 동산에 두어 그것을 경작하며 지키게 하시고

아담은 에덴 동산 안에서도 밖에서도 경작하는 일을 지속적으로 하게 되었음을 알 수 있다. 다만 경작하는 과정은 이전과는 달리 매우 힘든 과정이 되었을 것이다.

창 3:17

아담에게 이르시되 네가 네 아내의 말을 듣고 내가 네게 먹지 말라 한 나무의 열매를 먹었은즉 땅은 너로 말미암아 저주를 받고 너는 네 평생에 수고하여야 그 소산을 먹으리라

창 3:18

땅이 네게 가시덤불과 엉겅퀴를 낼 것이라 네가 먹을 것은 밭의 채소인즉

창 3:19

네가 흙으로 돌아갈 때까지 얼굴에 땀을 흘려야 먹을 것을 먹으리니 네가 그것에서 취함을 입었음이라 너는 흙이니 흙으로 돌아갈 것이니라 하시니라

아담은 다른 창조물들과는 달리 지식적으로나 지혜적으로 뛰어난 존재이었을 가능성이 높으므로 에덴 동산 밖에서도 다스리는 역할을 했을 것이라 생각할 수 있다. 즉, 왕의 역할을 지속적으로 했을 수 있다. 게다가 가인과 아벨이 예배드리는 것을 아버지인 아담에게 배웠을 것이므로 아담은 제사장의 역할도 지속적으로 했을 것이다. 하지만 에덴 동산에서 쫓겨난 후에도 하나님께 말씀을 들었는지는 성경에 기록되어 있지 않아 선지자의 역할을 지속적으로 했는지는 미지수이다. 하지만 다음의 구절을 보면 씁쓸함을 금할 수 없다.

창 4:26

셋도 아들을 낳고 그의 이름을 에노스라 하였으며 그 때에 사람들이 비로소 여호와의 이름을 불렀더라

셋이 아들을 낳은 후 비로소 사람들이 여호와의 이름을 부르게 된다.(부른다는 것이 요즘 우리가 생각하는 기도를 뜻하는 개념인지 아니면 기도뿐만 아니라 다른 것까지 – 예를 들어 제사나 예배라든지 – 포함되는 개념인지는 명확하지 않다.) 아담은 여호와를 찾았지만 아담 이후 사람들은 여호와를 찾지 않다가 셋이 아들을 낳은 후 여호와를 찾은 것일 수도 있다. 하지만 아담과 하와가 에덴 동산을 나온 후 쭉 여호와를 찾지 않다가 셋이 아들을 낳은 후에야 여호와를 찾게 된 것일 수도 있다. 만약 사람들이 한동안 기도를 하지 않은 것이라

한다면 오늘날 우리가 기도를 (자주) 하는 것이 얼마나 복을 받은 것인지 깨닫게 된다. 가인과 아벨이 하나님께 제사를 드렸던 것을 고려하면 가인과 아벨의 제사를 마지막으로 아담을 포함한 사람들이 여호와를 찾지 않다가 셋이 아들을 낳은 후에야 여호와를 찾게 된 것일 수도 있다.

'사람들이' 라는 부분을 아담과 그의 가족과는 다른 별개의 사람들이라고 볼 수도 있다. 그렇다면 해당 구절은 '(아담과 그의 가족들은 여호와의 이름을 불렀지만) 그 때에 (다른 사람들이 전도되기 시작하여) 사람들이 비로소 여호와의 이름을 불렀더라' 처럼 이해될 수도 있다.

이후 에덴 동산은 어떻게 되었을까? 노아의 홍수 때 물에 잠기면서 아담과 하와가 살던 때의 모습은 더 이상 볼 수 없게 되었을 것이다.

창 7:17
홍수가 땅에 사십 일 동안 계속된지라 물이 많아져 방주가 땅에서 떠올랐고

창 7:18
물이 더 많아져 땅에 넘치매 방주가 물 위에 떠 다녔으며

창 7:19
물이 땅에 더욱 넘치매 천하의 높은 산이 다 잠겼더니

창 7:20
물이 불어서 십오 규빗이나 오르니 산들이 잠긴지라

이렇게 노아의 홍수 이후가 되면 에덴 동산은 더 이상 찾아 볼 수 없게 된다.

아담은 에덴 동산을 다시 가 본 적이 있을까? 혹여 입구까지 가 보았다고 한들 그 곳은 이제 아담이 다시는 들어갈 수 없는 절망의 장소였을 것이다. 아담 이후의 사람들은 에덴 동산을 보러 가 본 적이 있을까? 천사들과 불칼을 볼 수 있는 곳이기에 인기가 많은, 요즘 말로 하면 핫플레이스였을까, 아니면 절대 들어갈 수 없는 곳이기에, 또는 들어가려고 하는 사람들마다 화를 당하기에 아무도 가 보려 하지도 않는 곳이 되었을까?

문득 아담보다 한참 후의 사람이며 의인이었던 노아는 어땠을지 궁금해진다. 노아가 에덴 동산의 입구에 가 보았을지 아니면 멀리서라도 에덴 동산을 본 적이 있을까 하는 궁금증이 든다.

아담은 930세에 죽었는데 아담이 죽은 지 126년 후에 노아가 태어났다. 아담의 아들인 셋은 912세에 죽었는데 이는 노아가 태어나기 14년 전이다. 아담의 손자인 에노스는 905세에 죽었는데 이때는 노아가 84세일 때이다. 같이 살았던 시기가 겹치는 것을 볼 때, 노아가 아담의 손자인 에노스에게 직접 에덴 동산에 대한 이야기를 들었을 가능성이 있다. 에노스에게 직접 들은 것이 아닐지라도 노아가 자신의 아버지인 라멕에게 에덴 동산에 대한 이야기를 들었을 수도 있다. 라멕은 182세에 노아를 낳은 것으로 기록되어 있어 라멕은 아담과 직접 대면했을 가능성이 있다.

만약 노아가 에덴 동산에 대해 이야기를 들었고 궁금해 했다면 직접 찾아가 볼 수도 있지 않았을까? 높은 산에서 에덴 동산의 전경을 보았던지 아니면 에덴 동산의 동쪽 길에서 그룹들과 두루 도는 불 칼을 보았을 수도 있지 않을까 싶다. 아담이 에덴 동산에서 쫓겨난 후 에덴 동산을 그리워하는 마음으로 서 있던 바로 그 자리에 노아가 서 있었을 지도 모르는 일이다.

에필로그

우선 다음과 같은 한계점을 말씀드리고자 합니다.

1. 특정한 전제에 대해서 가능한 모든 경우의 수를 고려해 보고자 하였지만 어디까지나 저 개인의 노력이기에 부족한 점이 많을 것입니다. 이 글을 읽으시는 모든 분들께 글의 내용에 대해 지적이나 충고를 부탁드리고자 합니다.

2. 저자가 신학이나 철학을 전공하지 않았기에 가능한 한 영적이나 형이상학적인 해석은 피하고 실질적이거나 형이하학적인 해석에만 집중하려 하였습니다.

3. 저자가 신학이나 철학을 전공하지 않았기에 단어 사용에 오용이 있을 수 있습니다. 이 역시 지적이나 충고를 부탁드리고자 합니다.

4. 성경 원문이 아닌 번역본, 즉 한국어 번역본(개역개정판)을 사용하였다는 것을 밝힙니다. 각각의 단어나 문장의 해석이 성경 원문에서는 다른 경우가 있을 수 있습니다. 이 역시 지적이나 충고를 부탁드리고자 합니다.

일련의 궁금증에 대한 답을 찾아가는 과정에서 이전에는 미처 생각해 보지 못했던 가능성 있는 상황들을 발견하게 되었습니다. 하나님의 창조 질서가 파괴된 지구에 하나님께서 에덴 동산을 지으시고 아기 아담을 손수 키우셨을 가능성이나, 인류를 포함한 다른 피조물들에게 선지자, 왕, 제사장의 역할을 해 나가는 아담의 모습, 아담이 에덴 동산의 경계에서 시체를 접했을 가능성, 하나님께서 직접 제사장직을 맡으셔서 속죄양(예수님)을 잡으시고 그 가죽(성령님)을 아담과 하와에게 입히시는 모습 같은 것들입니다. 정말 터무니없는 생각일 수도 있을 것 같아 개인적으로는 놀라움을 금할 수 없었습니다.

저는『에덴 동산에서 무슨 일이 일어났을까』라는 이 책을 통해 성경 말씀에만 근거를 두고 여러 가지 경우의 수를 따져 그에 따라 가능한 가설들을 치밀하게 발전시켜 보고자 하였습니다. 그 과정에서 새롭게 느낀 하나님의 모습을 함께 나누며 더욱 더 깊이 알아가기를 원합니다. 오직 하나님께만 찬양과 영광을 올려 드립니다.

에덴 동산에 대한 15가지 현실적인 질문

에덴 동산에서 무슨 일이 일어났을까?

발 행 일 | 2023년 8월 17일
글 쓴 이 | 조시온
펴 낸 곳 | 에디아
주 소 | 04557 서울시 중구 퇴계로37길 14 기종빌딩 6층
전 화 | 02–2263–6321
팩 스 | 02–2263–6322
등록번호 | 제2–2217호(1996.7.30)

ISBN • 978-89-87977-52-2 03230

*값은 뒤표지에 있습니다.